JN074427

法人税法会計論 第9版

末永英男［編著］

星田幸太郎・堺貴晴・宮崎裕士・大藏将史［著］

中央経済社

■執筆者・担当章

末永　英男

担当：編集・監修

星田　幸太郎　（久留米大学商学部 准教授）

担当：第1章～第4章、第9章1～3

堺　貴晴　（別府大学国際経営学部 准教授）

担当：第5章～第8章、第9章4～6

宮崎　裕士　（熊本学園大学大学院会計専門職研究科 准教授）

担当：第9章7～9、第10章

大藏　将史　（熊本大学大学院人文社会科学研究部 准教授）

担当：第9章10～12、第11章～第16章

「第９版」への序文

本書は，大学学部における税務会計論や法人税法の講義用のテキストとして作られたものである。本書の意図は，企業会計を周知した上で本書を読んで税務会計を理解する，あるいは逆に，企業会計を知らないけれども法人税法の所得計算を理解できるように書いたつもりであった。かかる意図が成功したかどうかは，これまで利用いただいた読者の方々に聞くしかない。

幸いにして，本書は，初版の1998年以来，2016年の第８版まで，版を重ねることができた。第８版を刊行してからは，学部での講義が減り，大学院がメインとなり，本書の使用機会が減少してしまったので，改訂を止めていたが，教育現場の世代交代が起こり，本書で教育を受けた門下生から現行法に則った改訂版の要望を耳にするようになった。そこで，新しく第９版として刊行する決意をした。

しかし，実際に本書を採用して講義をするのだから，各先生方がこれまで教育の現場で培ってきた知恵を入れてもらい，より一層のわかりやすさと授業のやりやすさ，それに予習，復習への貢献度を高めたいとの考えで，分担執筆とした。分担いただいた各章は，第８版までの記述をベースとしているが，各人の技量が詰まったもので，シンプルだが説得力のある内容になっていると思っている。原著者の記述がベースとなっているという点で，編著とさせていただいた。

本書は，税務会計の初学者向けに作られている。税務会計の理解には，何といっても課税所得の計算を理解することが不可欠である。本書の使用にあたっては，課税所得計算の演習問題や重要と思われる判例や事例を取り入れて使用していただきたい。

最後に，この「第９版」の改訂にあたり，終始ご高配を賜っている株式会社中央経済社取締役の小坂井和重氏に心から厚く御礼申し上げる。

2023年10月

末　永　英　男

序

一般に，税法は「一読して難解。再読して誤解。三読して遂に解する能わず」(金子　宏他著『税法入門（第3版)』，有斐閣，はしがき）といわれるくらい複雑で難解である。複雑・難解だからといって，手をこまねいていると納税者としての権利を放棄することにもなりかねない。税はわれわれの生活と切っても切れない関係として存在している。上手に付き合わなければならない。

さて，本書は，筆者の大学での講義内容を基に書かれた講義用テキストである。したがって，初めて法人税法を学習しようとする人や「税務会計」や「法人税法」の講義用テキストとして使用いただけるならば，幸いである。法人税法は，所得計算である以上，簿記や会計学の知識があるにこしたことはないが，これらの分野の素養がなくても，学習できるように工夫したつもりなので，充分，利用できると思う。要は，法令集をそばに置いて，関係する条文を押さえながら読み進むことだと思う。

また，本書は，法人税法の内容を租税論，法律学および会計学の基礎理論から体系的に述べるとともに，法人税法の全体について見渡すことができるような入門書として書かれたものである。そのため，法人税法の体系に沿った構成(章立て）となっている。

ここで，本書の構成と利用法について，簡単に触れておきたい。本書は大きく4部構成となっている。第Ⅰ部では法人税法の体系を極めておおまかに，第Ⅱ部では課税所得の計算に限定して，第Ⅲ部では税額計算と申告について，第Ⅳ部では個別の論点がそれぞれ述べられている。そこで本書の利用法であるが，講義時間等の都合で制約がある場合は，第Ⅰ部と第Ⅲ部をまず先にやり，納税に至るまでのプロセスを理解したうえで，第Ⅱ部の課税所得の計算に進み（ここでも主要項目をピック・アップしてよい)，興味度に応じて第Ⅳ部の個別問題をやるといった方法が考えられる。

基本方針としては，枝葉にわたる部分は避け，なるべく法全体の理論と枠組みをわかりやすく説明することに心がけた。通説による解説を試みているが，より深い議論を希望するならば，それぞれの専門書等での学習を願う次第である。

しかしながら，本書は，まだ，完成の域に達していない。法人税法のメインは，何といっても課税所得の計算であるので，テキストとしては，計算演習問題が抜けている。順次，改訂の過程で入れていくつもりであるが，さしあたり，市販の演習問題集と併用して欲しい。また，本書の性質上，執筆と刊行が改正税法の施行直前とならざるをえないため，改正内容を織り込んだ解説ができないことが，筆者にとって誠に残念な点である。

なお，本書の校正および資料の整理，図表の作成などは近畿大学大学院産業技術研究科大学院生の村岡裕靖君と同大学院修了生の出口憲二君の協力を得て行った。

最後に，(株)中央経済社の山本時男社長，同会計編集部編集長河野正道氏のご厚意により，本書が世に出ることになった。出版に当たり，ここに記して感謝申し上げる。また，会計編集部竹内伸介氏には，出版に伴う面倒な手続きや作業をしていただき，大変お世話になった。ここに，心から厚くお礼申し上げる次第である。

1997年12月10日

末　永　英　男

目　次

▶凡　例◀

解説文中に引用された（　）内の法令は，条文数はアラビア数字で，項数は丸つき数字で，号数は和数字で表示した。

1．法令の文末引用例

(法４③)………………法人税法第４条第３項
(令126) ………………法人税法施行令第126条
(規16二)………………法人税法施行規則第16条第２号
(措法64①)……………租税特別措置法第64条第１項
(措令28の５③二)……租税特別措置法施行令第28条の５第３項第２号
(耐用年数省令２)……減価償却資産の耐用年数等に関する省令第２条
(通則法90)……………国税通則法第90条
(所法38①)……………所得税法第38条第１項
(商287ノ２) …………商法第287条ノ２
(会法431) ……………会社法第431条
(計規10)………………会社計算規則第10条
(民法601) ……………民法第601条

2．通達の文末引用例

(基通２－１－３)……法人税基本通達２－１－３
(措通42－１)…………租税特別措置法関係通達（法人税編）42－１

第Ⅰ部

法人税法会計の基礎

第1章

法人を取りまく租税環境

1．法人税の歴史

法人税とは，法人の所得に課税する税金であるのに対して，個人の所得に課税するのが**所得税**である。したがって，正確には，法人税は法人所得税であり，所得税は個人所得税と称すべきである。

この法人税の発展の歴史も，企業形態が個人企業からパートナーシップ，そして株式会社へと発展したように，個人事業主と同様の課税から株式会社の現実の展開に対応しながら法人を独立の**納税主体**とみる法人税が成立してきた。この法人税の成立時期は，各国によって異なるが，おおよそ**図表1－1**のようになる。この成立時期の相違は，資本主義経済の成熟度や戦争遂行のための戦費調達と密接な関連を有していたと考えてよい。

いずれにしても，法人税は所得税の中から発展し，当初の個人と法人を同一の所得税法の中で等しく課税する税の仕組みから，法人を独立に課税する方向に進んできた。その結果，所得税の一部としての法人課税ではなく，個人所得税と区別された独立の所得課税としての法人税が成立するに至っている。

［図表１－１］　法人税の成立時期

	法人税の創設	法人税の創設以前の状況
イギリス	1937年「国防税」をもって始まる	1803年のアディグトン所得税法以来，法人課税が行われてきたが，個人事業主と同様の所得税課税
ドイツ	1920年法人税法	1851年のプロイセン所得税法，1874年ザクセン所得税法以来，法人課税が行われてきたが，個人事業主と同様の所得税課税
アメリカ	1909年「法人消費税」の名で発足するが，1913年連邦所得税法をもって成立	当初から株式会社制度が一般化しており，とりわけ持株会社による租税回避が問題となっていた
日本	1899年明治32年所得税法	1887年にプロシャ所得税法を範とした明治20年所得税法が成立していたが，法人企業には課税されなかった

所得税が近代税制に影響を与えたのは，1799年のピット（William Pitt）の所得税制であるが，今みたように，法人税それ自体は20世紀になっての成立であり，株式会社の発展とともに２度の世界大戦を経て，国家財政上，決定的となってきたのである。

2．法人課税の現状

法人の「所得」を**課税標準**（課税の対象となる課税物件＝所得の税額を算定するための基礎となる金額）とする税には，国税では法人税，地方税では法人住民税および法人事業税があり，ここでは，これらの税を政府税制調査会に倣って，**法人課税**と呼ぶことにする。

■法人課税のあり方についての提言

法人課税については，我が国産業の国際競争力が維持され，企業活力が十分発揮できるよう，産業間・企業間で中立的で経済活動に対する歪みをできる限り少なくするような方向で，本格的な見直しを行う必要がある。

本小委員会では，「課税ベースを拡大しつつ税率を引き下げる」という方向に沿って，課税ベース問題を中心に法人課税のあり方を検討した。

出所：政府税制調査会「『法人課税小委員会報告』要旨」(1996年11月26日)。

上に示したような基本的な考えに基づいて，政府税制調査会「法人課税小委員会」は，法人税改革の報告書をまとめている。この提言は，世界的な大競争が始まり，企業が国を選ぶ時代になると，

① 日本企業の国際競争力を維持するために，法人税の基本税率（37.5%）を他の主要先進国並（35%前後）に引き下げることが望ましいこと

② この税率引下げは，税収中立を前提とした法人税の課税所得の範囲＝課税ベースの拡大で行う（財源の捻出）こと

としている。

このために引当金制度など38項目の全面的見直しが不可欠であるといっている。

■法人課税の主な見直し項目と検討結果

① 収益・費用の計上
- ●工事収益：工事進行基準を原則とする方向で検討
- ●割賦・延払い販売の収益：引渡し時に収益を計上するのが適当

② 資産の評価
- ●棚卸資産：切放し低価法の廃止はやむを得ない
- ●有価証券の評価：低価法は廃止することが適当

③ 減価償却
- ●償却方法：建物は定額法に限ることが適当
営業権は均等償却に改めることが適当

●少額減価償却資産：総額制限を設ける等の見直しが必要
●リース資産：取引実態を踏まえ，所要の見直しが適当

④　引当金
●６項目の引当金について廃止・縮小が適当

⑤　金融派生商品
●金融機関等の行うトレーディング業務については時価基準の採用を検討

⑥　欠損金の繰越し・繰戻し
●半数を超える法人が赤字申告となっていることをも考慮し，幅広い観点から検討が必要

⑦　企業分割・合併等
●連結納税：導入の是非を具体的に検討するには時期尚早

⑧　公益法人等の課税対象所得の範囲
●収益事業については対象事業の追加，さらには原則課税化を検討

出所：政府税制調査会「法人課税小委員会報告」。

要するに，**法人税率の引下げ**に伴う税収減を**課税ベースの拡大**でカバーしようというのである。ところが，この「課税ベースの拡大」と称する見直し項目が，企業会計上，見過ごすことのできない争点を含んでいるのである。

［図表１－２］　法人税額計算の基本的仕組み

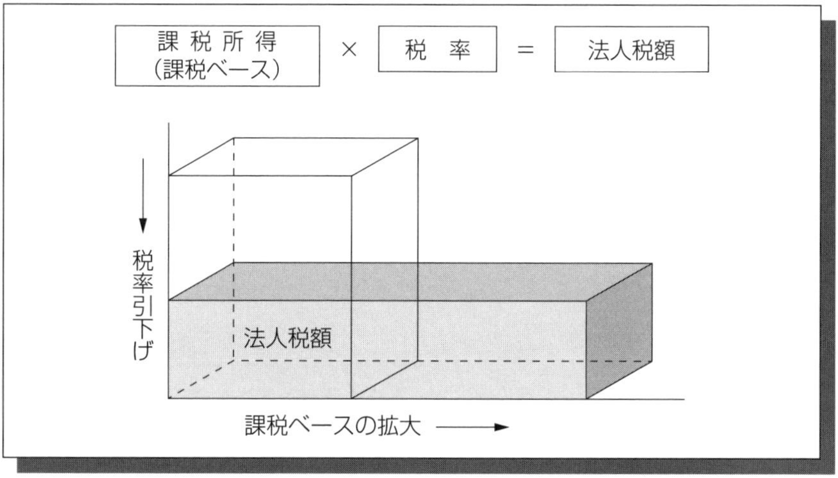

課税所得（課税ベース）　×　税　率　＝　法人税額

税率引下げ

法人税額

課税ベースの拡大

上記の「法人課税小委員会報告」における「法人課税の主な見直し項目と検討結果」は，2004（平16）年までの法人税法改正でその大部分の見直しが完了している（図表１－３参照）。

［図表１－３］　主な改正項目

引当金	貸倒引当金，返品調整引当金の２項目を残して他は廃止
企業分割・合併等	適格組織再編成の適格要件を満たせば，移転資産を帳簿価額で引き継ぎ，譲渡損益を繰り延べる
連結納税制度	連結納税制度を導入し，連結グループ間の損益を通算して納税できる
欠損金の繰越し・繰戻し	５年間の繰越控除を７年間に延長
有価証券の評価	売買目的有価証券の時価評価

図表１－３でわかることは，今後は単体納税制度と連結納税制度の二本建てになるということである。組織再編税制や連結納税制度は，連結経営＝グループ経営に不可欠の税インフラとして導入され，わが国法人企業の国際競争力の維持・強化と経済の構造改革に資するものと考えられているのである。

しかし，2010（平22）年度，2011（平23）年度の税制改正で，100％グループ内の「グループ法人単体課税制度」の強制適用，貸倒引当金制度の中小法人等と金融業を除いた不適用，また減価償却の200％定率法の採用や欠損金の繰越控除を９年に延長したこと等が行われている。

なお，2022（令４）年４月１日から連結納税制度は，グループ通算制度へと移行した。

■会社法のインパクト

2006（平18）年５月１日から施行された会社法は，これまでの商法が重要視してきた債権者保護思考をかなぐり捨てて，最低資本金制度を撤廃したり，慣れ親しんだ公開会社や利益配当の概念を変えたり，はたまた口語体になったのは良いが，非常に難解な条文や法務省令への安易な委任規定などが目につくものとなっている。

この会社法の制定に伴う法人税法の改正については，特に，資本概念の改正，剰余金の配当についての取扱いの変更，自己株式の資本金等の額への計上等が行われ，役員給与等，交際費等，同族会社の留保金課税など，従来の法人税法の考え方を大きく変えるものとなった。

ところが，安倍政権の成長戦略の柱の１つとして法人実効税率の引下げとその財源問題に係わる法人税改革が行われている。つまり，法人実効税率を20％台までに引き下げることで，成長志向に重点を置いた法人税改革（「稼ぐ力」のある法人の税負担を軽減することで，収益力拡大に向けた前向きな投資や継続的・積極的な賃上げ可能な体質への転換を促す改革）に着手するとともに，課税ベースの拡大等による恒久財源を確保するという方向性で改革が進んでいる。

■成長志向の法人税改革

① 法人実効税率の引下げ
　平成26年度 34.62％→27年度 32.11％→28年度 29.97％→30年度 29.74％

② 課税ベースの拡大等
- ●減価償却の見直し→原則「定額法」に一本化
- ●欠損金繰越控除の見直し（大法人）：控除限度額所得の80％→27年度 65％→28年度 60％→29年度 55％→30年度 50％
- ●受取配当等益金不算入の見直し
- ●法人事業税の外形標準課税の拡大（大法人）
- ●租税特別措置の見直し（「研究開発税制」の拡充・重点化など）

③ 所得拡大促進税制の見直し（給与等の支給額の増加要件の緩和）

一方，大法人を中心とする改革が行われるなかで，地域経済を支える中小法人への影響も考慮して中小法人向けの特別措置が存続している（図表１－４参照）。

[図表１－４]　中小企業向け特例措置

1．軽減税率	所得800万円以下の部分について，税率19%。さらに時限的に税率15%（租特法）
2．貸倒引当金	貸倒引当金を一定の限度額の範囲内で損金算入可
3．欠損金関係	①　欠損金繰越控除について，所得金額の100%まで損金算入可 ②　欠損金繰戻還付（1年間）が可
4．留保金課税	特定同族会社に対して課される留保金課税の適用除外
5．租税特別措置	①　研究開発税制：一般型の税額控除率 ②　中小企業における賃上げ促進税制（旧称：所得拡大促進税制） ③　中小企業投資促進税制 ④　中小企業経営強化税制 ⑤　特定事業継続力強化設備等の特別償却（BCP） ⑥　中小企業事業再編投資損失準備金制度 ⑦　中小企業者等の少額減価償却資産の取得価額の損金算入の特例

3．実効税率と国際比較

わが国政府税制調査会（以下，「税調」）では，法人課税の負担水準を示す指標として，常に「実効税率」を用いて，国際比較を行ってきた。もともと法人税等の負担は，課税ベースに税率を乗じたものだから，税率だけで負担水準を比較するのは適当ではない。しかし，税調は，課税ベースの国際比較は困難という理由で，表面税率の合計を**実効税率**と称して税負担の指標としてきたのであった。

$$
\text{実効税率} = \frac{\text{法人税率} + \text{法人税率} \times (\text{法人住民税率} + \text{地方法人税率}) + \text{法人事業税率} + \text{地方法人特別税率}}{1 + (\text{法人事業税率} + \text{地方法人特別税率})}
$$

※分母が法人事業税と地方法人特別税込みの数値となるのは，法人事業税と地方法人特別税が所得金額の計算上損金の額に算入されるからである。

[図表1－5]　実効税率の計算

	科目	税率			
		平成27年度	平成28年度	平成29年度	平成30年度
A	法人税	23.9%	23.4%	23.4%	23.2%
B	法人住民税	12.9%	12.9%	7.0%	7.0%
C	地方法人税	4.4%	4.4%	10.3%	10.3%
D	法人事業税	3.10%	0.70%	0.70%	0.70%
E	地方法人特別税	2.8985%	2.8994%	2.8994%	2.8994%
実効税率		32.11%	29.97%	29.97%	29.74%

（注）　$実効税率 = \frac{A + A \times (B + C) + D + E}{1 + (D + E)}$

なお，地方法人特別税は，令和元年9月30日までに開始する事業年度をもって廃止となり，これに伴い，地方法人課税における税源の偏在を是正するための新たな措置として，特別法人事業税が創設された。特別法人事業税は，令和元年度税制改正において，法人事業税の一部を分離して導入された。

実効税率は，平成30年度以降変わらず，29.74%である。

[図表1－6]　法人実効税率の推移

平成元年度	2年度	10年度	11年度	16年度	24年度	27年度	28年度	30年度
51.04% (40.0%)	49.98% (37.5%)	46.36% (34.5%)	40.87% (30.0%)	39.54%	34.62% (25.5%)	32.11% (23.9%)	29.97% (23.4%)	29.74% (23.2%)

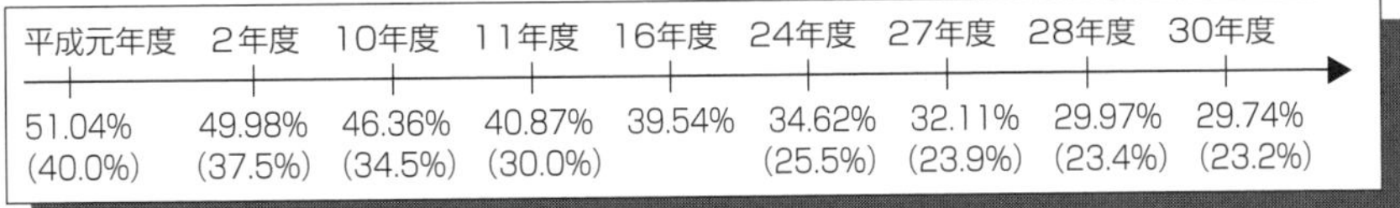

（注）（　）内は法人税基本税率である。

問題はあるにしても，この実効税率で法人の税負担を国際比較すると，次の**図表1－7**のようになる。

[図表1－7]　法人実効税率の国際比較（2022年1月現在）

（単位：%）

	日本	ドイツ	アメリカ	カナダ	フランス	イタリア	イギリス
実効税率	29.74	29.83	27.98	26.50	25.00	24.00	19.00

出所：財務省資料「諸外国における法人実効税率の国際比較」より。

第2章

法人税法会計の制度と基本的視点

1．法制度と会計

(1) 租税法の理念

法治国家における**法の支配**（rule of law）の下にあっては，国家権力，特に行政権による恣意的・専断的な支配に対抗して，個人の尊厳を確立することと，統治者と被統治者との法の下の平等を確保することが保障されている。この点は租税法の分野においては，特に重要である。

租税とは，国家（地方公共団体を含む）（＝課税権者）が収入を得ることを目的として，国家権力（＝課税権）に基づいて，法律に定める要件に該当する者に対して課す無償の金銭給付である。結局，租税は，国民の所有する財産の一部を徴収することになるので，法の最終目的である**社会正義の実現**のためには，国民に対する課税が公平に行われ（**公平課税の原則**），かつ国民の**租税負担能力**（**＝担税力**）に応じた課税がなされなければならない。

租税法は，以上のような国家と国民（＝納税者）との間の租税給付に関する公法上の権利義務関係（**租税債権債務関係**）を定めた法規範の全体であるといえる。

(2) 法制度と会計

一般に，法は，国家と国民，あるいは国民と国民との間の利害を調整し，社会秩序の維持を図ることを目的とし，当該目的を満たすことが**法の理念**となる。一方，企業すなわち法人は国家の構成員であり，会計＝企業会計は，この法人の利益（所得）を計算して，法人の外部利害関係者である株主，債権者，それに国家等に対して法人内容の開示（**ディスクロージャー**）を行う責任（**アカウンタビリティー**）を負っている。かかる会計の利益を計算して開示するという機能を称して，会計の「**測定と伝達**」機能というが，ここにそれぞれの利害関係者と法人との間の利害調整を行う**法会計**が**法制度**として制定されることになる。このように法律制度の枠内で行われる会計を制度会計という。

［図表２－１］　制度会計

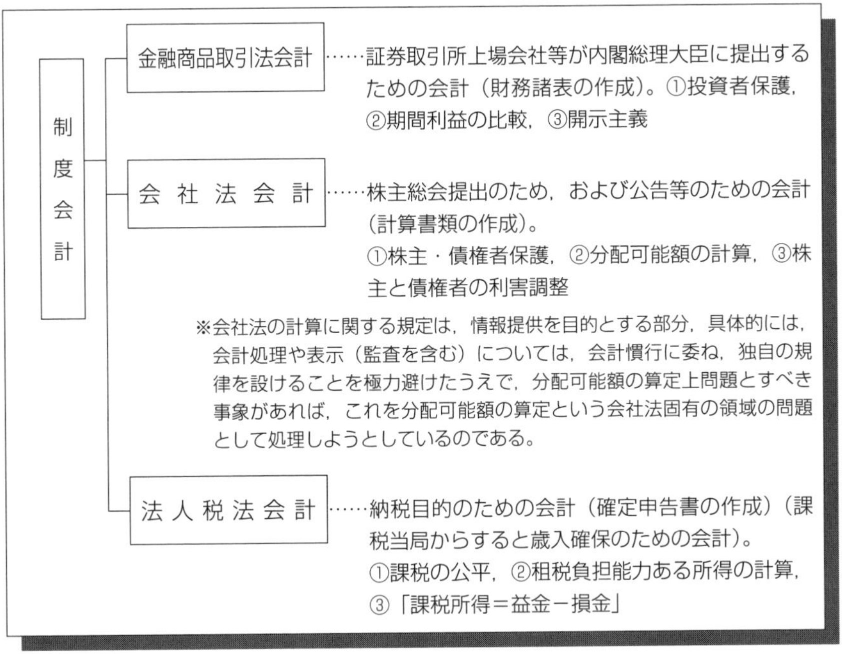

制度会計

- 金融商品取引法会計……証券取引所上場会社等が内閣総理大臣に提出するための会計（財務諸表の作成）。①投資者保護，②期間利益の比較，③開示主義
- 会社法会計……株主総会提出のため，および公告等のための会計（計算書類の作成）。
①株主・債権者保護，②分配可能額の計算，③株主と債権者の利害調整

※会社法の計算に関する規定は，情報提供を目的とする部分，具体的には，会計処理や表示（監査を含む）については，会計慣行に委ね，独自の規律を設けることを極力避けたうえで，分配可能額の算定上問題とすべき事象があれば，これを分配可能額の算定という会社法固有の領域の問題として処理しようとしているのである。

- 法人税法会計……納税目的のための会計（確定申告書の作成）（課税当局からすると歳入確保のための会計）。
①課税の公平，②租税負担能力ある所得の計算，③「課税所得＝益金－損金」

制度会計は，法人の会計を規制する法律である**金融商品取引法**，**会社法**，**法人税法**に対応して，**金融商品取引法会計**（金商法会計），**会社法会計**，**法人税法会計**（税務会計）の３つの制度に分けられる。

（3）法人税法会計の特徴

金融商品取引法は**投資者の保護**を目的として，証券の発行市場と流通市場における**企業内容開示**を規定している。また，会社法の本法規定は主に株式会社に対して適用され，株主と債権者との利害調整を図ることをその目的としている。一方，法人税法は「法人」を納税義務者とした課税上の取扱い（主として，**課税所得の計算**）を定めている。

しかし，法人税法が他の２法と大きく異なる点は，課税当局という公的利害関係者と納税者との間で租税をめぐる権利・義務関係が存在することである。言い方をかえれば，私法ではなくて，公法的関係が存在するのである。よって，会計のあり方も法人税法会計では，実定法に従って納税義務を具体的に確定する**所得計算秩序**を意味するのであって，他の２法の会計とは，計算の根拠が異なるのである。

したがって，課税当局側の歳入確保の要求を充足する課税原則（例えば，課税の公平）と負担能力に応じた納税を要求する納税者側の納税原則（例えば，資本課税の禁止）との対立が生じるが，この対立を所得計算上，調和化するのが，**法人税法会計の役割**であり特徴となる。

所得計算構造的にも，初期の所得税法では，現金残高＝課税所得とする最も単純で素朴な現金主義の所得計算が支配的であり，課税当局，納税者共に納得するものであったが，株式会社の発達，信用制度の高度化に伴い，現金主義から発生主義へと展開するなかで，法人税法会計は**権利確定主義**を採用することとなる。この権利確定主義は，まさしく課税当局の利害と納税者の利害との妥協の産物といえる。つまり，権利確定主義は，歳入の確保の点では現金の収支がなくても課税できるので一歩前進であるが，課税所得が現金の収入・支出という資金的対応をもった資金的裏付けのある納税資金ではなくなるという点で，納税者を窮することになるからである。

また，一般的にいって企業利益と課税所得とは必ずしも一致しない。これは，税法の目的が，何よりも歳入の確保と租税を通じた社会正義の実現にあるので，これを基盤にもつ法人税法会計が，かかる目的に合致した所得計算を行うからである。

2．法人本質観－法人擬制説と法人実在説－

法人税の課税対象となる法人の本質，とりわけ株式会社の本質については，従来から「神学論争」とまでいわれてきた**法人擬制説**と**法人実在説**の対立がある。しかし，一般に，法人税の最終的負担者を出資者である株主と考えるか，それとも法人それ自体と考えるかは，法人企業に対する課税制度を考えるうえで極めて重要な問題である。

［図表2－2］　法人本質観

法人擬制説	……法人を独立した課税上の主体と考えず，法人企業を株主の集合体とみる考え方。①法人の所得は各株主に帰属，②法人税は個人所得税の前払分，③株主の配当所得への課税は二重課税となり，調整が必要
法人実在説	……法人企業を株主とは別個の課税上の主体であるとみる考え方。①法人の所得は法人自体に帰属，②法人所得に担税力を認めて課税，③二重課税

法人税は，20世紀に入ってから本格的に成立をみた所得税の一部を構成しながら，次第に分離独立してくるが，この過程は，会社形態がパートナーシップから株式会社を現実的な存在とする中での法人擬制説から法人実在説への転換の過程でもあった。

つまり，少数の同志的社員によって構成され，留保分もほとんどなくほぼ全額が分配されるパートナーシップにあっては，法人擬制説が支配的であったのである。ところが，株式会社にあっては，大株主と小株主，支配株主による企業支配等があり，明らかに出資者間のバランスが崩れてくる。なかでも全額配当というパートナーシップ的発想は消え失せ，配当が政策によって決定され残りが留保される。かかる留保分の帰属をめぐって株主と法人の間で対立が生じるが，この対立を，株式会社の留保分に課税する（法人税とする）ことで解消し，両者間の公平性を達成する理論が，法人実在説であったのである。

3．課税の公平と租税法律主義

租税法の全体を支配する基本原則として，**課税の公平**と**租税法律主義**の２つを挙げることができる。

（1）課税の公平

租税が国民から強制的に徴収されるものであると前提すると，徴収の目的が公共的であり社会正義にかなっており，しかも税負担が公平でなければならない。**課税の公平**は，租税制度成立の根本原則であり，公平性が維持されない限り民主的な租税制度そのものが成立しがたいのである。

この公平概念は，現代租税論においては「能力説」で構成されるが，単なる納税主体の担税力の大きさからではなく，納税主体の質的・量的な相違を考慮した担税力への課税でなければならない。具体的には，個人間の公平問題から個人と法人，法人と法人との間の公平，さらに法人規模の違いや業種間の公平等々も考慮する必要がある。言ってみれば，もともと個人レベルの公平から法人をも取り込んだ形での社会全体の公平，すなわち**社会的公平**を達成すべく変化してきたのである。

このように社会正義達成の基本をなす公平概念が，単なる納税主体間のものから社会的公平へと拡張するということは，法人企業それ自体に担税力を認め，

［図表2－3］　租税法の基本原則

課税の公平	……すべての人がもれなく租税を負担し，しかも各人の経済的負担感が均等であること。学説的には「利益説」と「能力説」に分かれる。

（注）　利益説：国家から受ける利益の対価として課税を考える立場（応益課税）から，この受益額は各個人の所得に大体比例すると仮定して，比例税を主張する。
能力説：各人の租税負担能力＝担税力に応じて課税すると考える立場（応能課税）から，累進課税を主張する。また，担税力の指標として所得，資産，支出などが考えられるが，所得を最善の尺度とする。

租税法律主義	……租税の賦課・徴収は，法律の根拠に基づくことなしには，国民は租税の納付を要求されることはないという憲法上の原則（憲30・84）。

（注）　憲法第30条「納税の義務：国民は，法律の定めるところにより，納税の義務を負ふ。」
憲法第84条「課税：あらたに租税を課し，又は現行の租税を変更するには，法律又は法律の定める条件によることを必要とする。」

法人を独立の納税主体とみなすことであるから，法人実在説に基づいた課税の公平原則が確立してきたことを意味する。

換言すれば，法人税の根拠を「能力説」に求めた場合，担税力は個人にしか認められないとするのが法人擬制説であり，この考え方に従えば，公平の問題は法人課税において一応無視できる。

しかし，株式会社が個人および人的会社に比して著しく優越性を有するようになった段階で，社会的公平を達成しようとすれば，法人自体を独立の課税上の主体として担税力を認める法人実在説による課税となるのである。

（2）租税法律主義

租税法律主義は，「**代表なければ課税なし**」という法思想のもとに，課税権は国民の同意，すなわち国会の制定する法律の根拠なしに行使できないという憲法上の原則である。

租税が，国家によって国民から一方的・強制的に財産の一部を徴収するものであるからには，この国家による強制的徴収に対して，国民の**財産権を保護**する必要がある。また，租税の定めを法定しておくと，この法律を理解し遵守することによって，国民は，経済生活の安定が図られ，経済生活のある程度の予測が可能となる。これらのことを称して，租税法律主義とは，国民の経済生活における**法的安定性と予測可能性**を保障するとともに，国民の財産権を保護するための基礎原理であるといわれるのである。

すなわち，これを法人税法に当てはめると，課税所得の算出プロセスと税額を法人税法で明確にすること，このことが法的安定性と予測可能性の保障である。しかも，課税され納税したとしても法人の**資本維持**は図られなければならず，これが財産権の保護に該当するのである。財産権の保護とは，会計学でいう資本維持にほかならない。

これまでの議論をまとめると，**図表２－４**のように図式化できるであろう。

租税法律主義と課税の公平は，共に社会正義実現のための手段であり，この正義は租税の目的である歳入の確保のために掲げられた徴収の根拠である。

［図表２－４］　租税制度（法人税）の構造

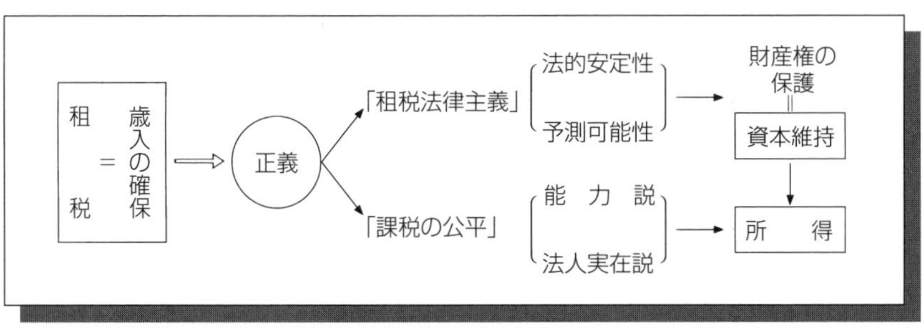

4．統合論と分離論

法人税の基本的性格や基本的仕組みをどう理解すればよいか。これへの回答は，結局のところ法人企業（株式会社）と個人株主との関係および法人税と個人所得税との関係という2点に帰着するといってよい。この場合，前者がすでに述べた法人擬制説と法人実在説が対立する法人本質観の問題であり，後者がここで述べる税体系としての統合論と分離論の対立である。

統合論・分離論という立論は，法人税を個人所得税との関係でどう位置づけるかの問題であり，結論的にいえば，法人税の存在を前提とはするが，個人所得税の範囲で法人税を捉え問題解決を図るのが**統合論**であり，一方，個人所得税とは別個に独立の法人税が存在するとするのが**分離論**である。

［図表2－5］　法人税の体系的理解

統合論	……法人所得を株主の所得に帰属させることによって，税体系を構築するもので，法人税は個人所得税の源泉徴収である→日本，EU 諸国 ①法人擬制説を基礎，②公平＝支払能力は個人に妥当する概念だから統合が必要，③法人に独自の担税力を認めない
分離論	……法人税を株主から切り離して，法人それ自体の租税として位置づけるもので，法人税と個人所得税の二本建てで所得税を体系化する→アメリカ ①法人実在説を基礎，②法人税は社会的公平を実現する制度，③法人に独自の担税力を認める

ところで，現実の法人税制は，どちらかに重点をおいた統合論と分離論の混合型であるが，なかでも，留保利潤をも含めた**完全統合論**ではなく，配当にのみ二重課税の調整を行う配当救済として**部分統合**を考えるインピュテーション方式が主流である。

5．留保利潤

（1）留保利潤と法人税

すべての法人企業がその利益の全額を直接配当の形で配当し，納税者である株主が受け取った配当を完全に申告するならば，法人擬制説のもとでは，法人税は必要でない。つまり，法人の利益が関係株主のところで課税される限り，法人に対しては，いかなる課税も行う理由はない。しかし，現実には全額配当されず，未配当分である**留保利潤**が生じている。この場合，仮に法人に課税されず，利益が配当されたときにのみ個人株主が課税されるとすれば，個人企業に比べて法人企業が有利となり課税の公平の点で問題となる。

したがって，利益が全額配当されず留保利潤が生ずると，個人企業と法人企業，あるいは個人株主と法人株主との間での公平性維持のために，個人所得税の代替として法人税が必要となることがわかるであろう。また，法人のこの留保利潤への課税によって公平を実現しようとする税システムこそ法人実在説に基づいた分離論にほかならない。

以上の留保利潤を前提に，法人本質観の違いによる課税システムを図示すると，**図表２－６**のようになるであろう。

［図表2－6］　法人本質観と課税システム

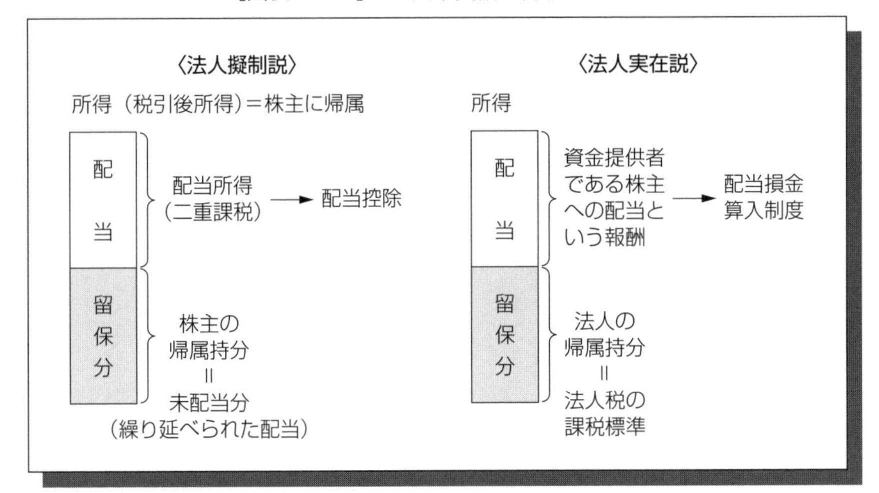

（2）二重課税の調整

続いて，わが国が採用している法人擬制説に基づく所得税と法人税の統合システムである「二重課税の調整方式」について，説明を加えよう。

わが国法人税法の基本的仕組みは，シャウプ勧告以来定着してきた配当税額控除制度による株主の配当受取り段階での調整を基本としつつ，1961（昭36）年度税制改正によって導入された**配当軽課制度**による支払い段階での調整を組み合わせたものとなっていた。ところが，配当の支払い段階での調整である配当軽課制度は，1990（平2）年4月より廃止されて，受取り段階の配当税額控除制度（個人株主に適用）と受取配当金益金不算入制度（法人株主に適用）とによって調整される仕組みとなっている。この関係を図示すると，**図表2－7**のようになる。

［図表２－７］　二重課税の調整

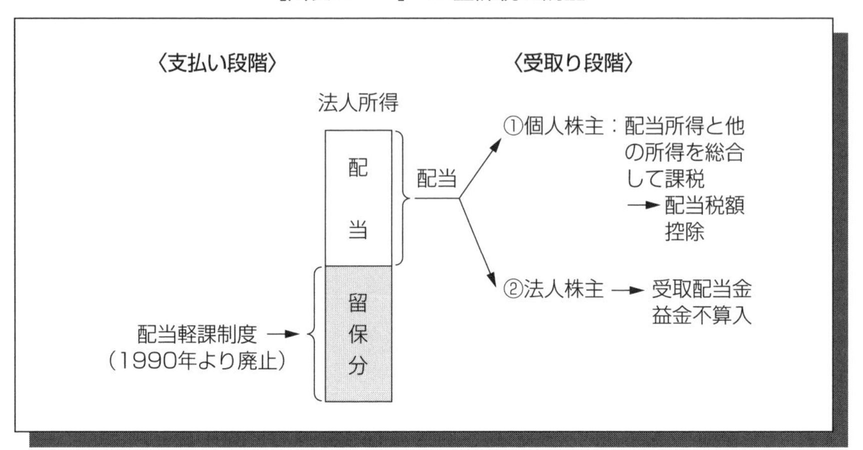

第3章

法人税法会計の体系

1．法人税法の法体系

法人税法（昭40，法律第34号）は，その第１条で，「法人税について，納税義務者，課税所得等の範囲，税額の計算の方法，申告，納付及び還付の手続並びにその納税義務の適正な履行を確保するため必要な事項を定めるものとする」（法1）と規定し，法人税に関する重要事項を法人税法でもって定めるとしている。いわゆる，租税法律主義であり，とりわけ，納税義務者，課税物件，帰属，課税標準，および税率といった**課税要件**については，法人企業の経済活動のすべてにわたって税の影響を考慮せずしては意思決定も行い得ないため，法的安定性と予測可能性の保障の要請に基づき，特に，明確でなければならない。

しかしながら，複雑多岐にわたる経済活動に応じた課税を，公平かつ確実に行うためには，税に関する事項の細目に至るまでも一義的に規定することは困難であるから，**法の委任**による命令形式をとることは差し支えないが，包括的委任によって法の実質的制定権限を，行政庁に委ねるような政令，規則は，租税法律主義といえども容認していないとされる。

したがって，法人税法本法と委任された政令・規則等の体系を図で説明を加えておくと，**図表３－１**のようになる。

［図表３－１］　法人税法，政令，規則等の体系

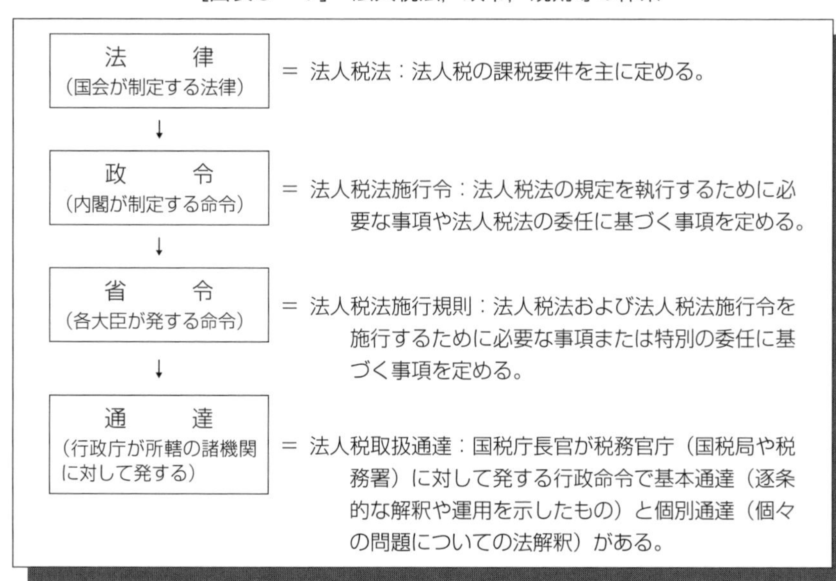

また，法人税法の法体系のほかに，これらの特例を定めた特別法として，**租税特別措置法**（昭32，法律第26号）がある。この法律にもそれぞれ施行令，施行規則がある。租税特別措置法は，産業政策・社会政策などの政策的な目的を達成するために，法人税の減免・延期等を特例として定めた法律で，通常，時限立法である。また，国税についての基本的事項および共通的事項に関して定める**国税通則法**（昭37，法律第66号）が設けられている。

2．法人税法の体系

法人税法自体の体系は，すでに述べた第１条の規定どおりであるが，法人税法会計の中心テーマは何といっても所得計算と税額の計算であるので，この点に絞って体系を説明したい（**図表３－２**参照）。

［図表3－2］　法人税法の体系

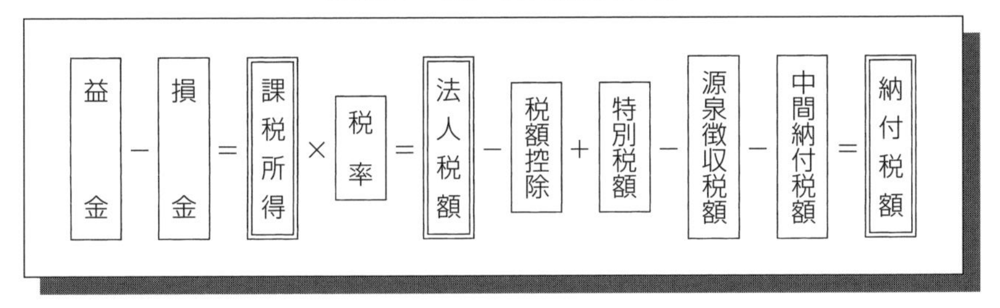

（1）所得金額の計算

法人税法は，課税物件（課税の対象のことで，**課税客体**ともいう）を所得に求め，法人税の課税標準は「各事業年度の所得の金額」（「**課税所得の金額**」）であるとしている（法21）。つまり，法人の所得の金額を課税標準として課せられる税金が，法人税なのである。そして，この法人の所得の金額，すなわち課税所得の金額は，「当該事業年度の**益金の額**から当該事業年度の**損金の額**を控除した金額」として計算される（法22①）。

しかし，同条は課税所得の金額の定義は行わずに，益金の額，損金の額を例示することで所得計算原理を明らかにしている（法22②・③）。これら例示されたものは，「**別段の定め**」のあるものを除き，「益金の額に算入すべき金額」＝「収益の額」，「損金の額に算入すべき金額」＝「原価・費用・損失の額」であり，いずれも「**資本等取引**」以外の取引に係るものと定められている。しかも，この場合の収益の額および原価・費用・損失の額は，「一般に公正妥当と認められる会計処理の基準に従って計算されるものとする」（これを「**公正処理基準**」という）となっている（法22④）。

以上述べた課税所得の計算原理を簡単に図示すると，**図表3－3**のようになる。

［図表３－３］　課税所得の計算原理

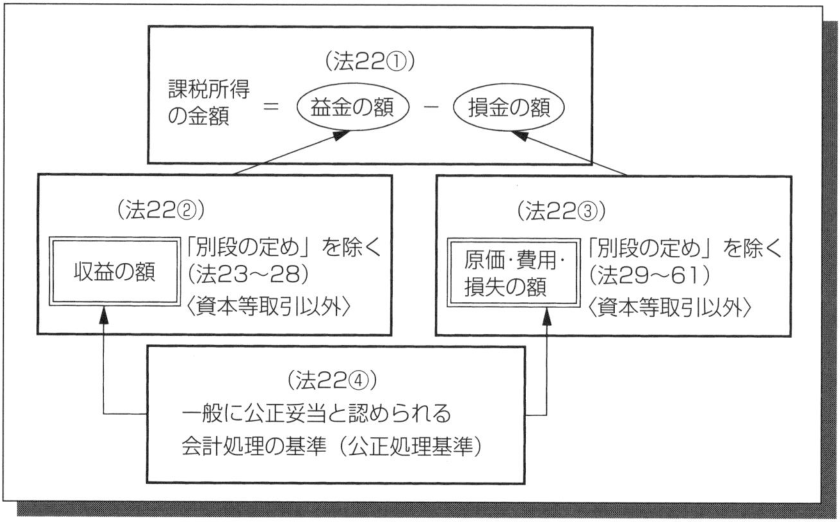

（法22①）
課税所得の金額 ＝ 益金の額 － 損金の額

（法22②）
収益の額
「別段の定め」を除く
（法23～28）
〈資本等取引以外〉

（法22③）
原価・費用・損失の額
「別段の定め」を除く
（法29～61）
〈資本等取引以外〉

（法22④）
一般に公正妥当と認められる
会計処理の基準（公正処理基準）

（２）確定決算主義

①　確定決算主義とは何か

法人の課税所得は「課税所得の金額 ＝ 益金の額 － 損金の額」で計算されるが，益金・損金の額の内容である収益・費用（損失）の額は，法人税法第22条第４項の公正処理基準に従って計算される。かかる公正処理基準は**法人税法の簡素化**の一環として導入されたもので，**企業会計準拠主義**を意味している。

同様の考え方は会社法においてもみられる。会社法第431条は「株式会社の会計は，一般に公正妥当と認められる企業会計の慣行に従うものとする」と規定している。すなわち，法人税法も会社法も共に，企業会計を所得・利益計算の基底にしていることがわかるであろう。

次に，法人税法と会社法の関係についてであるが，法人税法第74条第１項は，**「確定した決算」**に基づき課税所得の金額や法人税額等を算定して申告する（事業年度終了の翌日から２か月以内に確定申告書を税務署長に提出する）よう求めている。この確定した決算とは，会社法に基づく計算書類について**株主総会**などで承認を受けたものをいう（会法438②）（ただし，会計監査人設置会社については，取締役会の承認を受けた計算書類が会計監査人による適正の意見表明が付されれば決算は確定するので，株主総会の承認は不要)。

ところが，法人税法にあっては法固有の目的や社会政策・経済政策等の理由によって，課税所得は組み立てられており，当然ながら，課税所得の金額は会社法上の決算利益とは異なっている。したがって，法人税法上の課税所得の金額は，**会社法上の決算利益**を基礎としながら，「別段の定め」による調整を加えて誘導的に算出されるのである。この法人税法第74条第１項の要請を**確定決算主義**という。

よって，会社法による確定した決算利益を法人税法上の課税所得の金額とするための調整過程（＝確定決算主義）を示せば，概略**図表３－４**のようになる。

［図表３－４］　確定決算主義による課税所得の計算原理

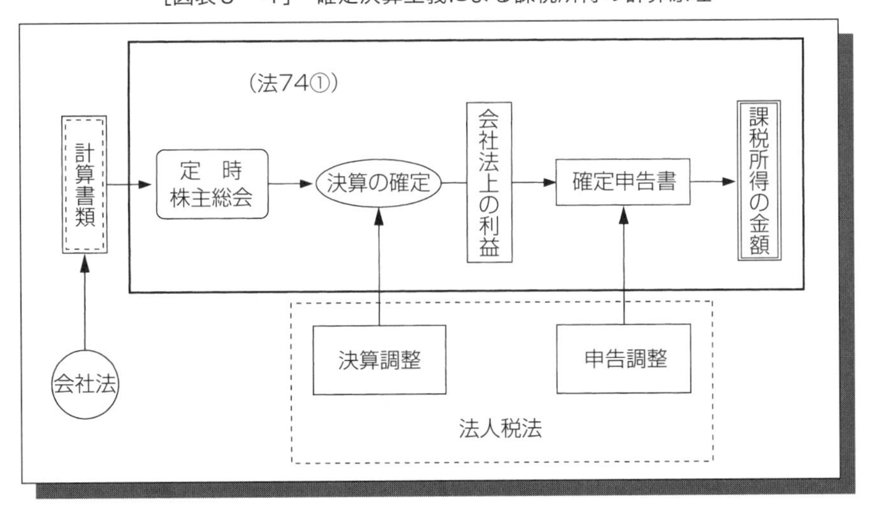

②　決算調整と申告調整

会社法上の利益から出発して課税所得の金額を計算する場合に，どのようなものでも申告調整が認められるかというと，そうはいかない。法人税法では，確定した決算の段階で**損金経理**（法人がその確定した決算において費用または損失として経理すること（法2二十五））その他法の指定する所定の経理をしないと，損金として認めない調整である「**決算調整**」がある。

この決算調整の対象となる事項は法人内部で計算されるものがその中心で，したがって，内部計算事項（例えば，減価償却費の計上）は外部取引と異なり，法人の恣意的な要素が介入しやすいので，最高意思決定機関である株主総会の承認をもって法人の意思を判断しようというものである。

これに対して，確定した決算における利益金額から課税所得に修正することを「**申告調整**」といい，調整すれば認められる**任意的調整事項**と，必ず調整を必要とする**必要的調整事項**に分けられる。この申告調整は，法人税の確定申告書の「**別表四**」で，当期利益に加算，減算することで行われる。

［図表３－５］　決算調整と申告調整

- 決算調整事項（確定決算での処理を要するもの）
  - 損金経理をしなければ損金算入が認められないもの……減価償却資産の減価償却費（法31），繰延資産の償却費（法32），貸倒引当金の繰入れ（法52），圧縮記帳（法42～50）など
  - 当該経理をした場合にのみ，その計算が認められるもの……延払基準（法63），工事進行基準（法64）など
- 申告調整事項（申告書「別表四」で処理を要するもの）
  - 申告書で調整すれば認められるもの（任意的調整事項）……受取配当等益金不算入（法23），会社更生等による債務免除等があった場合の欠損金の損金算入（法59），所得税および外国法人税額の控除（法68・69），試験研究を行った場合の法人税額の特別控除（措法42の４）など
  - 申告書で必ず調整しなければならないもの（必要的調整事項）……資産の評価損益の益金・損金不算入（法25・33），還付金の益金不算入（法26），過大役員給与・過大使用人給与の損金不算入（法34～36），寄附金の損金不算入（法37），貸倒引当金の繰入超過額（法52），交際費等の損金不算入（措法61の４）など

③　確定決算主義の存在意義

これまでの論述をまとめると，法人税法は，課税所得の金額の計算において「**企業会計→会社法→法人税法**」の順に会計規定が適用されていくことがわかる。さらに，法人税法においては，企業会計への準拠性について，法人税法第22条第4項と第74条第1項との2つの条文があるが，このうち第22条は課税要件について定めた**実体規定**であり，第74条は申告に関する**手続規定**であると理解できる。したがって，第22条が，課税所得の計算にあっては，企業会計と直接関わっているといえる。

(注)　確定決算主義を純粋に，課税所得計算における企業会計への準拠性であると解釈すると（逆にいうと，決算調整や申告手続等を含まないとすれば），法人税法第22条第4項が確定決算主義ということになる。このように確定決算主義 ＝ 企業会計準拠主義とすれば，わが国は，明治所得税法の創設の時から租税法以前に存在する企業会計を前提として法人の所得を規定していた。

では，なぜ確定決算主義は，会社法の決算利益に基づいた課税所得の計算を要請するのか。要は，会社法と法人税法とで別々に利益・所得を計算する**二度手間を避ける**ために採用されたのである。

（3）税額の計算

各事業年度の所得に対する**法人税の額**は，課税標準である事業年度の所得（課税所得）の金額に税率を乗じて計算した金額である（法66)。この際の法人税の基本税率は，次頁の**図表3－6**のとおりである。

中小法人（資本金の額等が1億円以下であるもの又は資本等を有しない法人（資本金の額等が5億円以上である法人等との間にその法人等による完全支配関係があるものを除く））に適用される税率は，年800万円以下とそれを超える所得金額とに分かれる段階税率である。これは中小企業の税負担軽減を目的とした政策的な特別措置と考えられるが，法人擬制説を採用する場合には，法人税率は基本的には単一の比例税率が望ましいだろう。しかし，わが国の法人税は，本質的には比例税率といってよいだろう。

次いで，課税標準となる課税所得の金額に今述べた税率を乗じて求められた法人税額から，**税額控除額**や**中間申告の法人税額等**を差し引くことで納付すべき法人税額が計算される（**図表３－７**参照）。

［図表３－６］　法人の種類と税率

<table>
<tr><th colspan="2" rowspan="3">法人の区分</th><th colspan="2">税 率</th></tr>
<tr><th colspan="2">所得金額の区分</th></tr>
<tr><th>年800万円以下</th><th>年800万円超</th></tr>
<tr><td rowspan="2">普通法人</td><td>資本金又は出資金が１億円超の法人（大法人）</td><td>23.2%</td><td>23.2%</td></tr>
<tr><td>資本金又は出資金が１億円以下の法人（中小法人）</td><td>15.0%(注)</td><td>23.2%</td></tr>
<tr><td colspan="2">協同組合等</td><td>15.0%</td><td>19.0%</td></tr>
<tr><td colspan="2">人格のない社団等（収益事業の所得）</td><td>15.0%</td><td>23.2%</td></tr>
<tr><td rowspan="2">公益法人等（収益事業の所得）</td><td>一般社団法人等（公益社団法人，公益財団法人，非営利型法人）
公益法人等とみなされるもの（管理組合法人，法人である政党，特定非営利活動法人（NPO 法人）など）</td><td>15.0%</td><td>23.2%</td></tr>
<tr><td>上記以外の公益法人等（学校法人，宗教法人，独立行政法人，日本赤十字社など）</td><td>15.0%</td><td>19.0%</td></tr>
</table>

（注）　平成31年４月１日以後に開始する事業年度において適用除外事業者（その事業年度開始の日前３年以内に終了した各事業年度の所得金額の年平均額が15億円を超える法人等をいう）に該当する法人については，19％の税率を適用する。

［図表3－7］　法人税額の計算と納付

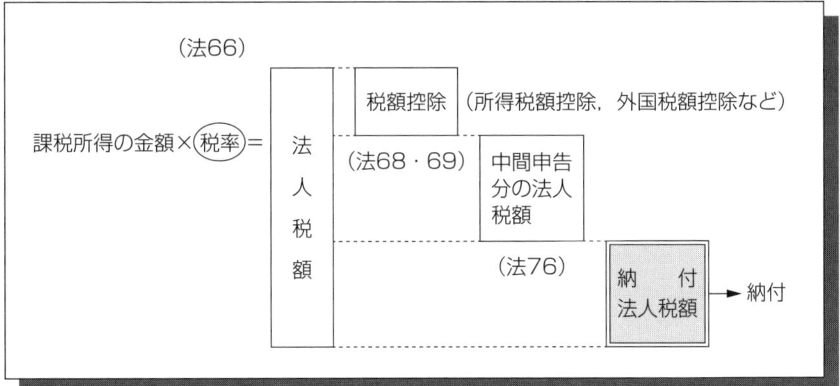

■本書での課税所得計算における用語の使用について

法人税の課税標準は，法人税法第21条の規定に従い「各事業年度の所得の金額」と記述すべきであり，この所得の計算は，第22条第1項により，「各事業年度の所得の金額」は，「益金の額」から「損金の額」を控除した「金額」となる。

法規定の記述から理解できるように，各事業年度の所得の金額は，企業会計上の利益計算のように収益から費用を控除するというような記述ではなく，益金の額という金額から損金の額という金額を控除して，各事業年度の所得の金額を算出すると規定されており，あくまでも金額から金額を控除して金額を算出するものとなっている。

したがって，本書も厳密に金額と記述すべきであるが，一般的記述である「課税所得の金額」は「益金の額」から「損金の額」を控除するという記述を正式表示とし，次いで，「課税所得」は「益金」から「損金」を控除するという簡略化した記述も用いることとする。

第4章

法人税法会計の基礎的前提

1．納税義務者

法人税は法人の所得の金額を課税対象とする税金であるので，法人税を納付する義務を負うもの ＝ **納税義務者**は，「法人」である。しかし，法人税法は，「法人」については特に規定せず，逆に，納税義務者として法人を**内国法人**と**外国法人**とに区分し，課税上の取扱いを規定している（法4）。なお，本書では内国法人についてのみ説明する。

内国法人の納税義務をまとめると，次のようになる（**図表4－1**）。

［図表4－1］　内国法人の納税義務

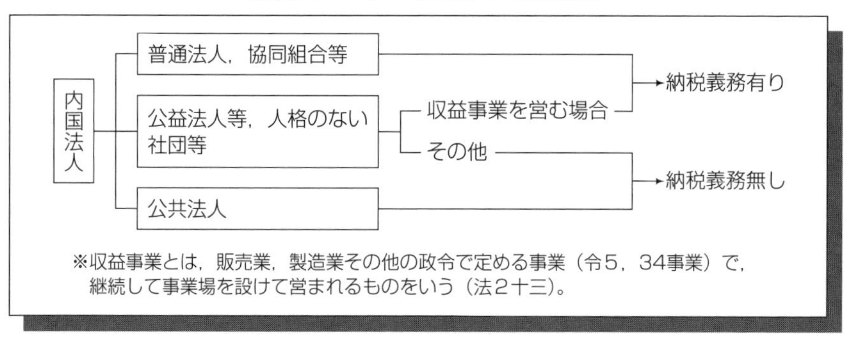

［図表４－２］　内国法人の種類と納税義務

	法人の分類	具体例	納税義務
内国法人	公共法人（法２五） 原則として全額政府出資の法人で国または地方公共団体が行うべき業務を代行していると認められる法人	地方公共団体，国際協力機構，日本政策金融公庫，独立行政法人，国立大学法人，日本放送協会など（別表第一）	無し（法４②）（すべての所得に対して）
	公益法人等（法２六） 民法第34条の規定によって設立された財団法人および社団法人等と公益的事業を目的として特別法で設立された法人	宗教法人，学校法人，社会福祉法人，日本赤十字社，商工会議所，税理士会，法人である労働組合など（別表第二）	有り（法４①ただし書き）（収益事業から生じる所得についてのみ）
	人格のない社団等（法２八） 法人でない社団または財団で，代表者または管理人の定めのあるものをいう	クラス会，PTA，町内会，同窓会，学会，労働組合など	有り（法４①ただし書き）（収益事業から生じる所得についてのみ）
	協同組合等（法２七） 事業目的を協同で達成するために，同じ目的を有する他の個人または法人と協同して設立する法人であり，特別法による	農業協同組合，消費生活協同組合，商工組合，信用金庫，労働金庫，農林中央金庫など（別表第三）	有り（法４①）（すべての所得に対して）
	普通法人（法２九） 上記以外の法人で，法人税法の規律対象の中心となる法人	株式会社，合同会社，合資会社，合名会社，相互会社，医療法人，企業組合，協業組合など	有り（法４①）（すべての所得に対して）

法人税法の納税義務者は，法人の区分に応じて定められているが，これを他の制度，すなわち会社法・商法や金融商品取引法と比較してみたい。法人税法では，商法上の「商人」ではない相互会社，協同組合等も含むが，この点を除けば，３つの制度会計は，広くは「商人」を対象としていることがわかる。

［図表４－３］　法制度と対象会社

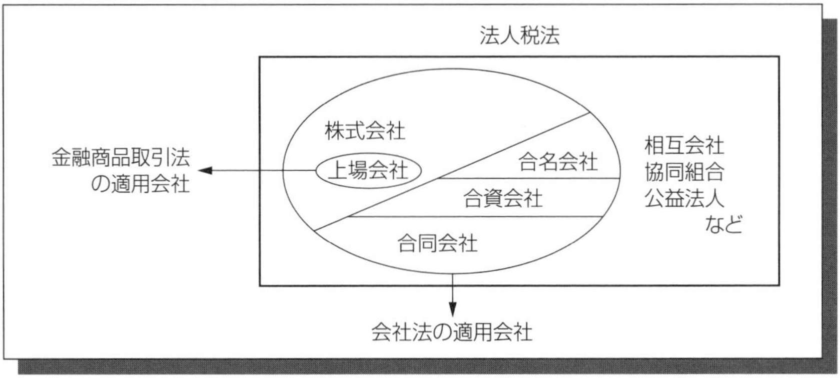

法人税法
株式会社
上場会社
合名会社
合資会社
合同会社
相互会社
協同組合
公益法人
など
金融商品取引法
の適用会社
会社法の適用会社

２．用語の定義

法人税法において用いられる重要な用語については，法人税法第２条に定義されているが，このうち課税所得の計算に必要な用語だけを抜き出して貸借対照表の形式で表すと，**図表４－４**のようになる。

［図表４－４］　B/S 形式による法人税法第２条の用語の定義

<table>
<tr><td rowspan="5">資産</td><td rowspan="5">（2二十）棚卸資産
（2二十一）有価証券
（2二十二）固定資産
（2二十三）減価償却資産
（2二十四）繰延資産</td><td colspan="3">負債</td></tr>
<tr><td rowspan="4">純資産</td><td rowspan="2">（2十六）
資本金等の額</td><td>（令8）資本金の額</td></tr>
<tr><td>（令8）上記以外の金額
（資本積立金額）</td></tr>
<tr><td colspan="2">（2十八）利益積立金額</td></tr>
<tr><td colspan="2">課　税　所　得</td></tr>
</table>

出所：財務省資料を基に作成。

貸借対照表は資産，負債，純資産で構成されるが，この B/S 形式をみてわかるのは，負債に属する用語の定義がないことである。ところが，法人税法は，かつて負債性引当金に属する引当金に関する規定（旧法53等）を置いており，なぜ負債の定義がないのか疑問が残る。この点に対する一般的な回答は，法人税法といえども法である以上，負債は債務の確定したものに限定しており，したがって債務の確定していない引当金は負債でないからといえるだろう。まさしく，本法の引当金規定は「別段の定め」なのである。

3．課税所得計算の基本的規定

すでに概略述べてきたように，法人税法第22条の規定する所得金額（課税所得の金額）の計算原理は，益金の額から損金の額を控除して算定するとしながらも，益金・損金の概念を積極的に定義することなく，それぞれが収益・費用（損失）の額であると定めている。すなわち，企業会計準拠主義の現れとみることができる。

したがって，課税所得は「収益 － 費用 ＝ 企業利益」を基礎概念（あるいは前概念）として，企業会計に準拠しながら算定されることになるのである。し

［図表４－５］　課税所得計算の基本的規定

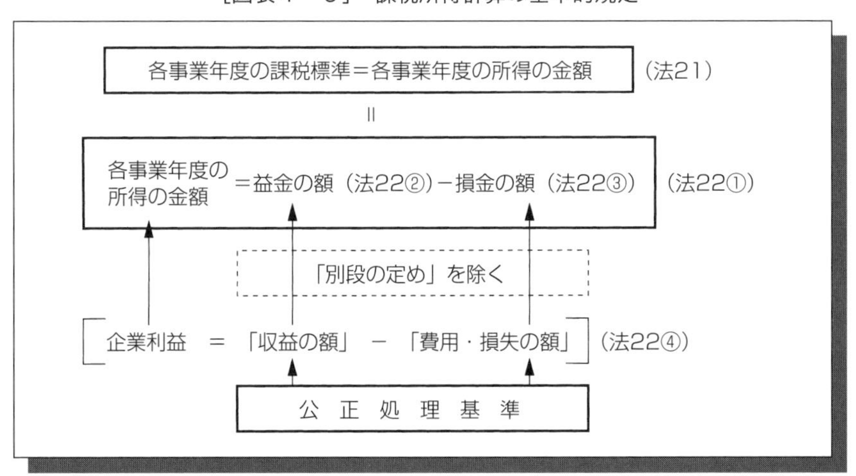

かも，この益金・損金の基礎概念としての収益・費用は，法人税法第22条第4項の公正処理基準，すなわち「一般に公正妥当と認められる会計処理の基準」に従って計算されるのであり，課税所得計算の出発点となっているのである。

法人税法第22条は，課税所得の金額の計算が企業会計に準拠する形で規定されており，やはり益金および損金の概念を必ずしも規定していない。1969(昭44)年7月1日から施行された新法人税基本通達（現行通達に引き継がれている）の制定に際して廃止された「旧法人税基本通達」には，この益金と損金の概念が示されていた。

「(総）益金とは，法令により別段の定めのあるものの外資本等取引以外の取引により純資産増加の原因となるべき一切の事実をいう」

(旧基通「第51」)

「(総）損金とは，法令により別段の定めのあるものの外資本等取引以外の取引において純資産減少の原因となるべき一切の事実をいう」

(旧基通「第52」)

そして，この旧基本通達「第51」,「第52」が削除されるに至った理由は，「法令に規定されており，または法令の解釈上疑義がなく，もしくは条理上明らかであるため，特に通達において定める必要がないと認められたことによる」(昭44.5.1.直審（法）25）とされている。したがって，益金・損金の概念は，法人税法第22条において明らかであると考えざるを得ないが，解釈上，問題は残る。

以上の通達規定に基づいて，課税所得の計算構造を図示すると**図表4－6**のようになる。法人税法上の課税所得の計算構造は，本法規定においては**損益法原理**に立脚しているが，通達規定によって，バック・グラウンドとして**財産法原理**の存在が明らかになるのである（収益・費用を基礎概念とする益金・損金を用いた所得計算原理と損益法・財産法原理との関係については，後述したい)。

［図表4－6］　益金・損金の概念と課税所得の計算

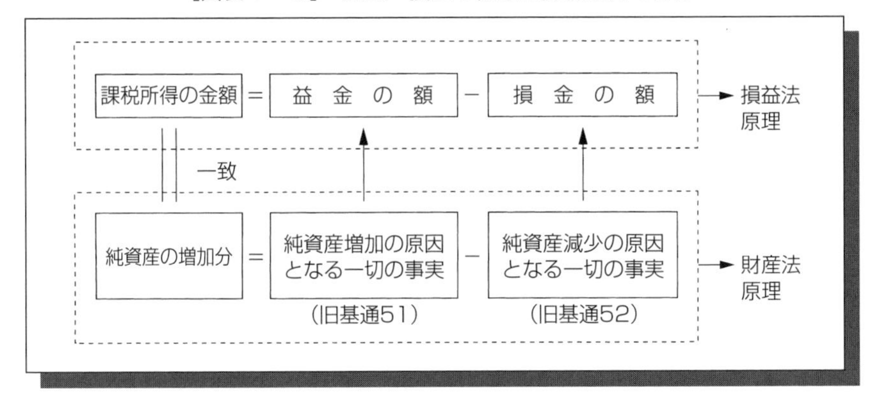

4．公正処理基準

公正処理基準とは，収益および原価・費用・損失の額は，「一般に公正妥当と認められる会計処理の基準に従って計算されるものとする」（法22④）旨の規定を指している。これは，いわゆる企業会計準拠主義であり，課税所得の算定が原則として企業会計に準拠して行われるべきことを意味している。

この公正処理基準は，1967（昭42）年の税制簡素化の一環として設けられたもので，したがって課税所得の計算に関して，法人税法自体に規定するのは必要最小限にとどめ，できるだけ一般の会計慣行を尊重して，個別に設けられた規定，すなわち「別段の定め」のあるもの以外はこの基準に従って計算しようという基準である。つまり，公正処理基準を規定した法人税法第22条第4項は，法に明文がない場合の法解釈として当然のことを定めた「**確認規定**」であると解することができるのである。

したがって，課税所得の計算の一般的な方法は，まず「別段の定め」の規定を優先し，次いで法人税法第22条の第2項，第3項を適用して行うが，このときに第4項の「一般に公正妥当な会計処理の基準」に従って計算が行われるのである。法人税法は，課税所得の計算を行う場合，その根底には企業利益を前提としていることがわかるのである。

では，公正処理基準のいう「一般に公正妥当な会計処理の基準」とは，具体的には何を指すのか。企業会計審議会が設定した「企業会計原則」をはじめとする会計基準はもちろん公正処理基準の１つと考えてよいが，ここには重要な問題点が残るのである。それは，租税法律主義を採用しているにもかかわらず，国会が制定したものではない「企業会計原則」等が，課税所得の算定という最も重要な法的基準となり得るのかという点である。答えは否定的にならざるを得ない。したがって，最も安全な解釈論を展開すれば，公正処理基準とは会社法，すなわち会社法会計を意味し，この会社法第431条の「株式会社の会計は，一般に公正妥当と認められる企業会計の慣行に従うものとする」（持分会社の場合は会社法第614条）と規定する「企業会計の慣行」の１つに該当するものとして「企業会計原則」等があると考えれば整合性が保たれる。

結局，法人税法の公正処理基準は，会社法その他の法令の計算規定を遵守した健全な会計によって経理を行うという企業会計準拠主義であるといえるだろう。また，この公正処理基準と異なる例外的な事項を別途定めた規定が，「別段の定め」ということになる。

第Ⅱ部

課税所得の計算

第5章

所得金額の計算の仕組み

第3章，第4章において，課税所得の計算を中心に法人税法会計の概要について述べてきた。本章においては，多少の重複はあるが，課税所得金額の計算の仕組みを概説した上で，次章以下の具体的検討に入りたい。

1．企業利益と課税所得

わが国法人税法は，課税所得の算定に関して，第22条第4項で企業会計準拠主義を採り，第74条で確定決算主義を採用していた。具体的には，企業会計上の収益から原価・費用・損失を差し引いて求めた法人の確定した決算に基づく損益計算書に計上された当期純利益の金額に，「別段の定め」に基づく調整によって，課税所得の金額が計算される。

法人税法が，「別段の定め」を設けて，企業会計上の利益を調整している理由は，目的が異なるためである。つまり，企業会計は債権者保護や株主・投資者保護を目的として収益・費用を計算し，法人税法は課税の公平や租税政策目的から益金・損金の計算を行っている。だから企業利益と課税所得は一致しない。

「別段の定め」には，次の4つがある。なお，個々の内容については，後で詳しく述べる。

① **益金算入項目**（利益金額に加算）……収益ではないが，益金となるもの
　　（例：売上計上洩れ，引当金の洗替額，外国子会社の支払った外国税額）

② **益金不算入項目**(利益金額から減算)……収益だが，益金とならないもの
(例：受取配当金，資産の評価益，還付金等)

③ **損金算入項目**(利益金額から減算)……費用・損失ではないが，損金となるもの（例：繰越欠損金，特別償却の償却額，圧縮記帳による圧縮額）

④ **損金不算入項目**(利益金額に加算)……費用・損失だが，損金とならないもの（例：寄附金・交際費の限度超過額，減価償却超過額）

したがって繰り返しになるが，法人の確定した決算に基づく利益＝企業利益を基礎にして，「別段の定め」による調整（益金不算入，損金不算入，益金算入，損金算入）を加え法人税法上の課税所得の金額を計算することが，**確定決算主義**であり，この調整を**税務調整**というのである。

［図表５－１］　企業利益と課税所得の相違と調整

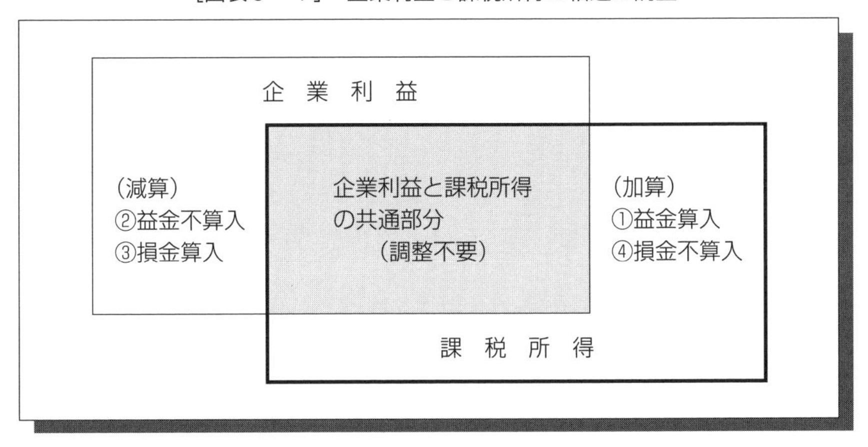

2．所得金額の計算の仕組み

これまでの説明で，所得金額の計算の仕組みを図で示すと**図表５－２**のようになる。

［図表５－２］　所得金額の計算の仕組み

収　益	－①益金不算入項目＋②益金算入項目＝	益　金
－		－
費　用	－③損金不算入項目＋④損金算入項目＝	損　金
＝		＝
企業利益	──→　「別表四」で申告調整　──→	課税所得

《実際の算式》

当期純利益　＋（②益金算入項目＋③損金不算入項目）
－（①益金不算入項目＋④損金算入項目）＝　課税所得

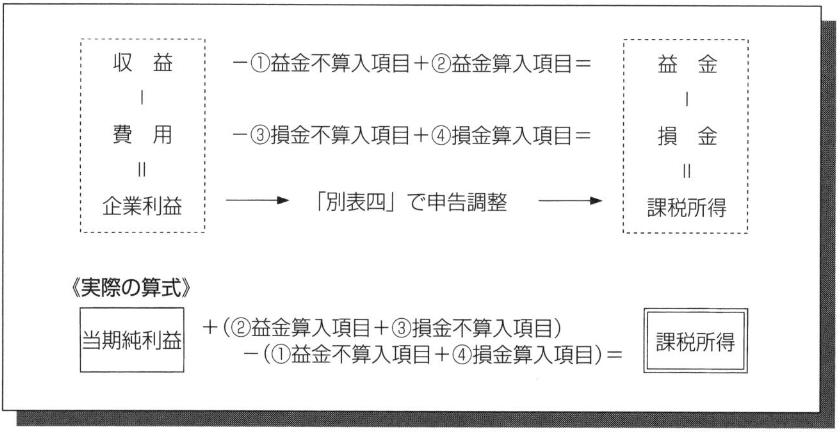

3．「別段の定め」の意義と構成

「**別段の定め**」とは，各事業年度の所得計算に関する「益金の額」および「損金の額」について，法人税法または租税特別措置法が明文をもって特別に定めている規定のことである。法人税法第22条第４項の公正処理基準と法人税法上の収益・費用の扱いとが異なるとき，その扱いの内容や税法独自の立場で益金に加算したり，損金として控除したりする事項や内容を，「別段の定め」は網羅するものである。

したがって，課税所得計算の詳細を構成するものであって，税務申告の大半はこの「別段の定め」である。この場合，「別段の定め」は，課税の公平を目指すのはもちろん，徴税技術上の観点や租税政策的要請に基づいたものであるといわれている。しかし，法人税法第22条第４項の公正処理基準との関連でみるとき，企業会計上も当然と考えられる会計処理事項を法人税法で確認したにすぎないとされる確認的規定が相当存在する点をどう考えるかである。

１つの考え方は，公正処理基準と同一のことを二重に規定する確認的規定としての「別段の定め」は不要であるとするものであり，もう１つは，確認的規定の必要性を認めるもので，それは税法固有の要請から会計処理方法を明確にしたものとする考え方である。つまり，公正処理基準によって，「別段の定め」があるもの以外の税法上空白とされていた領域をカバーしようというのではなく，法人税法は公正処理基準に基づいて会計処理を行おうというもので（したがって，当初から空白領域をカバーしている），その際，いわゆる確認的規定が企業会計の論理からではなく，税法固有の要請から「別段の定め」として規定されているのである。

なお，租税特別措置法規定は法人税法の特例であって（措法１），「別段の定め」ではないとする見解もあるが，公正処理基準とは異なる扱いを受けて課税所得を計算する以上，やはり「別段の定め」であろう。しかし，ここでは法人税法第23条以下に用意されている，所得の金額の計算に関する規定を中心に考えたい。

本法に規定されている主な「別段の定め」は，以下のように構成されている。

⑴　益金の額に関する「別段の定め」

①　収益の額（法22の２）
②　受取配当等の益金不算入（法23）
③　外国子会社から受ける配当等の益金不算入（法23の２）
④　配当等の額とみなす金額（法24）
⑤　資産の評価益の益金不算入（法25）
⑥　法人税等の還付金の益金不算入（法26）
⑦　組織再編成に係る所得の金額の計算（法62・62の２～９）

⑵　損金の額に関する「別段の定め」

①　棚卸資産の売上原価等の計算およびその評価の方法（法29）

② 有価証券の譲渡損益および時価評価損益（法61の２～４）

③ 減価償却資産の償却費の計算およびその償却の方法（法31）

④ 繰延資産の償却費の計算およびその償却の方法（法32）

⑤ 資産の評価損の損金不算入等（法33）

⑥ 役員給与の損金不算入（法34）

⑦ 過大な使用人給与の損金不算入（法36）

⑧ 寄附金の損金不算入（法37）

⑨ 法人税額等の損金不算入（法38）

⑩ 第二次納税義務に係る納付税額の損金不算入（法39）

⑪ 外国子会社から受ける配当等に係る外国源泉税等の損金不算入（法39の２）

⑫ 法人税額から控除する所得税額の損金不算入（法40）

⑬ 法人税額から控除する外国税額の損金不算入（法41）

⑭ 圧縮記帳制度に基づいた圧縮額の損金算入（法42～50）

⑮ 貸倒引当金の繰入額の損金算入（法52）

⑯ 譲渡制限付株式を対価とする費用の帰属事業年度の特例（法54）

⑰ 新株予約権を対価とする費用の帰属事業年度の特例等（法54の２）

⑱ 不正行為等に係る費用等の損金不算入（法55）

⑲ 繰越欠損金の損金算入（法57～59）

⑳ 契約者配当等（法60・60の２）

㉑ 特定株主等によって支配された欠損等法人の資産の譲渡等損失額（法60の３）

㉒ 短期売買商品の譲渡損益及び時価評価損益の益金又は損金算入（法61）

㉓ デリバティブ取引に係る利益相当額または損失相当額（法61の５）

㉔ ヘッジ処理による利益額または損失額の計上時期等（法61の６～７）

㉕ 外貨建取引の換算等（法61の８～10）

(3) 収益および費用の帰属年度の特例

① リース譲渡に係る収益および費用の帰属事業年度（法63）

②　工事の請負に係る収益および費用の帰属事業年度（法64）

⑷　政令（法人税法施行令）委任による「別段の定め」

①　資本的支出の損金不算入（令132）

②　少額の減価償却資産等の取得価額の損金算入（令133・133の２）

③　確定給付企業年金等の掛金等の損金算入（令135）

④　リース取引に係る所得の計算（法64の２，令131の２）

⑤　金銭債務の償還差損益の益金または損金算入（令136の２）

⑥　借地権等（令137～139）

⑦　償還有価証券の調整差損益の益金または損金算入（令139の２）

⑧　１株未満の株式等の処理の場合等の所得計算の特例（令139の３）

⑨　資産に係る控除対象外消費税額等（令139の４～５）

第6章

益金の額・損金の額の計算

1．益金の額の計算

課税所得の金額は，益金の額から損金の額を控除して求められる。ここでの益金の額は，「別段の定め」があるものを除き，資本等取引以外の取引（すなわち損益取引）による収益の額であって，次のような内容が例示的に列挙されている（法22②）。

①　資産の販売
②　有償または無償による資産の譲渡
③　有償または無償による役務の提供
④　無償による資産の譲受け
⑤　その他の取引

（1）資産の販売

上の例示をみてわかるように，法は①の「資産の販売」と②の「資産の譲渡」を区別している。「**資産の販売**」とは，一般に，商品，製品等の棚卸資産の販売を意味し，「**資産の譲渡**」といったときは，土地や建物等の固定資産の売却を意味していると解されている。ただし，**譲渡**という概念には，売買のほか，収用，贈与，交換，出資，代物弁済等による譲渡も含まれる。会計学的表現をすれば，「資産の販売」による経常収益と「資産の譲渡」による臨時収益に区分することにより，益金の額に算入すべき金額を規定しているのである。

要するに，「資産の販売」とは，商品，製品等の棚卸資産の販売による収益を指している。

（2）有償または無償による資産の譲渡

譲渡の意味はすでに述べたので，「有償」，「無償」の意味についてであるが，この両者の相違は対価を得ているか，いないかの違いである。

そこでまず，対価を得て行われる**「有償による資産の譲渡」**による収益とは，土地，建物等の固定資産の売却収入を意味する。しかし，ここで益金の額に算入すべき収益の額は，あくまで総額としての資産の譲渡収益であって，企業会計で行う売却収益と売却原価との差額としての固定資産売却益という純額ではない点を，確認しておく必要がある。

《設例6－1》

取得価額1,000千円の土地を1,500千円で譲渡した。

（借）	現金預金	1,500	（貸）	土地譲渡収益	1,500
	土地譲渡原価	1,000		土　　　地	1,000

次いで，**「無償による資産の譲渡」**による収益とは，現実に対価を得ることはないのに収益を認識しようとするものであり，最も議論のあるものである。つまり，法人税法第22条第2項の例示④の「無償による資産の譲受け」の場合に，贈与を受けた側に収益が生じるのは，一応理解ができるのであるが，反対に，無償，すなわち法律でいう**贈与**（寄附）を行ったときに，その贈与側において対価を得ることもないのに収益が生じるとする点には，注意を要する。

わが国法人税法は，贈与も所得を構成するという前提のもとに，その贈与する資産の時価相当額をもって収益と認定するのである。企業会計では，資産の無償譲渡からは利益を認識しないので，理解に苦しむところであろう。

《設例6－2》

取得価額1,000千円，時価3,000千円の土地を贈与（すなわち無償譲渡）した。

（借）	寄附金	3,000	（貸）	土地譲渡収益	3,000
	土地譲渡原価	1,000		土地	1,000

（上記の仕訳は，純額主義を採れば次のようになる。

（借）	寄附金	3,000	（貸）	土地	1,000
				土地譲渡収益	2,000

）

（注）借方の寄附金は，贈与の相手方が会社の役員の場合は「給与」であり，借入金の返済のために土地で代物弁済したとすれば「借入金」となる。

この**設例6－2**の取引は，無償による資産の譲渡を，通常の対価で行う取引と受領した対価の相手方への贈与という2つの行為に分解し，第1段階の行為で収益が発生するとみる見解に基づいている（これを「二段階説」という）。つまり，土地を現金3,000千円で譲渡しておいて，受け取った現金3,000千円を相手方に贈与したと擬制しているのである。

また，借方の寄附金は，法人税法上，損金の算入について一定の限度が定められており，この算入限度額を超える金額は課税される（法37）。

ところで，資産の無償譲渡の一変形の取引として，「**資産の低額譲渡**」と呼ばれるものがある。すなわち，時価よりも著しく低額（時価の2分の1未満と一応想定してよい）で固定資産等を譲渡したとき，時価と譲渡価額の差額は相手方に対して贈与されたものとして課税されるのである。

《設例6－3》

設例6－2において，400千円で譲渡された。

（借）	現金預金	400	（貸）	土地譲渡収益	3,000
	寄附金	2,600			
	土地譲渡原価	1,000		土地	1,000

（

（借）	現金預金	400	（貸）	土地	1,000
	寄附金	2,600		土地譲渡収益	2,000

）

上の**設例6－3**でわかるとおり，低額とされる部分につき，それが実質的に贈与と認められる限り収益が認識されるのである。

(3) 有償または無償による役務の提供

有償，無償の説明はすでに済んでいるので，役務の提供について述べたい。一般に，「**役務の提供**」とは，建設請負等による収入のように請負契約に基づく報酬や金銭の貸付契約に基づく利子収入である受取利息などを指す。したがって，法は，無償による資産の譲渡の場合と同様に，無償による役務の提供についても収益を認識するのである。

《設例6－4》

1,000千円を無利息融資した（ただし，通常の利息は8％とする）。

(借)	寄附金	80	(貸) 受取利息	80

設例6－4の無利息融資において，貸し主である法人は商行為の有償性に基づき通常の利息を徴収すべきであるのに，これを放棄し，借り主に何らかの具体的な利益供与をするために，無利息という形態を利用したのである。しかし，法人税法上は，利息相当額の贈与により収益が実現したと考えるのである。

(4) 無償による資産の譲受け

この「**無償による資産の譲受け**」による収益は，資産の受贈益がその例として考えられる。企業会計も贈与その他無償で取得した資産については，公正な評価額をもって取得原価とする（企業会計原則第三の五F）と定めており，法人税法においても，無償取得資産を時価（取得に要する金額）で受け入れ記帳することによって，同額の収益＝受贈益が発生して益金の額となるのである。

《設例6－5》

土地（時価50,000千円）を無償で譲り受けた。

(借)	土地	50,000	(貸) 土地受贈益	50,000

（5）その他の取引

「**その他の取引**」とは，すでに述べた（1）～（4）に該当しない取引で，資本等取引以外のものに係る収益の額を指す。債権者からの債務免除益や利息制限法所定の制限を超過する受取利息のような違法な収益などがこれに該当する。

2．損金の額の計算

法人税法第22条第3項は，各事業年度の所得の金額の計算上当該事業年度の損金の額に算入すべき金額は，「別段の定め」のあるものを除き，次に掲げる額であるとして，原価，費用，損失の3つを挙げている。

① 収益に係る売上原価，完成工事原価その他これらに準ずる原価の額（以下，単に，収益に係る売上原価等という）

② 販売費，一般管理費その他の費用（償却費以外の費用で債務の確定しないものを除く）の額

③ 損失の額

上に示したように，損金の額もまた益金と同様に例示的に列挙されている。

（1）収益に係る売上原価等

「収益に係る売上原価……」という表現により，個別的な費用収益対応の原則による原価の額を損金の額としている。具体的には，商品，製品の売上高に対応した売上原価や完成工事高に対応した完成工事原価等をいう。

また，「その他これらに準ずる原価」という表現により，資産の販売に対応した売上原価等ばかりではなく，資産の譲渡に対応した譲渡原価を損金の額に含めている。

(2) 販売費，一般管理費その他の費用

販売費，一般管理費は，個別の収益と対応させることが困難であるから，期間的対応を前提として考えられる費用の額を損金の額としている。また，「**その他の費用**」とは，いわゆる営業外費用が含まれる。例えば，支払利息，手形売却損，売上割引等である。

ところで，ここで最も重要なことは，**カッコ書き**で「償却費以外の費用で当該事業年度終了の日までに債務の確定しないものを除く」と定めている点である。すなわち，当該事業年度の費用であるかどうかの判定を，債務の確定という法的テストに委ねているのである。これを**債務確定主義**といっている。

(注)**債務の確定**とは，次の要件のすべてに該当するものとする（基通2－2－12)。

(1) 事業年度終了日までに当該費用に係る債務が成立していること

(2) 事業年度終了日までに当該債務に基づいて具体的な給付をなすべき原因となる事実が発生していること

(3) 事業年度終了日までにその金額を合理的に算定することができるものであること

債務確定主義とは，ある期間に発生した費用の恣意的な計上を避けるため，外部との取引にあっては，原則的には債務金額の確定をもって費用とする基準である。減価償却費や繰延資産の償却費は，明確な内部計算によって費用とされ，債務の確定の問題は生じないから，除外されているのである。また，この債務確定主義によると，引当金や見越費用は「別段の定め」がない限り，損金の額に算入しないことを明らかにしている。

なお，この債務確定主義については，**次章**で説明する。

(3) 損失の額

正しくは，「当該事業年度の損失の額で資本等取引以外の取引に係るもの」と定められており，期間対応の損失，つまり費用に対する概念であり，風水害，盗難等の偶発的な滅失損や貸倒れによる売掛債権の消滅（貸倒損失）といった

価値の喪失が意味されている。また，減資差損や合併差損といった資本取引に係る損失は，所得計算からは除外されるので，損金の額としないのである。

第7章

権利確定主義（債権・債務確定主義）

1．法人税法上の収益認識

内国法人の各事業年度の所得の金額の計算上，益金の額に算入すべき金額は，別段の定めがあるものを除き，資産の販売，有償又は無償による資産の譲渡又は役務の提供，無償による資産の譲受けその他の取引で資本等取引以外のものに係る当該事業年度の収益の額とすることとされ（法22②），当該事業年度の収益の額は，一般に公正妥当と認められる会計処理の基準に従って計算されるものとすることとされている（法22④）。

わが国においては，企業会計原則の損益計算書原則三のBに，「売上高は，実現主義の原則に従い，商品等の販売又は役務の給付によって実現したものに限る」とされているものの，これまで収益認識に関する包括的な会計基準は開発されてこなかった。しかし，2018（平成30）年3月30日に顧客との契約から生じる収益に関する包括的な会計基準となる企業会計基準第29号「収益認識に関する会計基準」が公表・導入され，これを踏まえ，平成30年度税制改正において，資産の販売等に係る収益に関する規定の改正が行われた。

「収益認識に関する会計基準」は，①「企業会計原則」に優先して適用される会計基準であるとともに，②「履行義務」という新たな概念を基礎として収益の計上単位，計上時期および計上額を認識する会計処理を予定している。これを受けて，法人税法では，新たに資産の販売等に係る収益の計上時期および計上額を明確化する法人税法第22条の２が新たに設けられるなどの改正が行われた。

かかる法第22条の２の新設にともない法人税基本通達においても，「収益認識に関する会計基準」における収益の計上単位，計上時期および計上額について，「履行義務」という新たな概念を盛り込んだ形で見直しを行うとともに，法人税法第22条の２が設けられたこと等に伴う取扱いの整理が行われた（国税庁「『収益認識に関する会計基準』への対応について」）。

法人税法第22条の２は，第５章でみたように法第22条２項に定める「収益の額」に関する「別段の定め」と位置付けられることから，従来の学説・判例等を含む公正妥当な会計処理の基準（例えば，権利確定主義（債権確定主義）等）を修正あるいは否定するものではないと解される。そのため，従来からの公正妥当な会計処理の基準は，依然として，法人税法上，引き継がれていると考えられる（金子宏『租税法（第24版）』（弘文堂，2021年）365頁）。

なお，中小企業については，従来どおり企業会計原則等による会計処理も認められることから，上記の改正等によって従来の取扱いが変更されたわけではない。

前章の「損金の額の計算」において述べたように，費用を損金の額に含める要件として「**債務確定主義**」があり（法22③二カッコ書き），同様に，収益にも債権の確定をもって益金の額とする「**債権確定主義**」が採用されているといわれている。両者を合わせた債権・債務確定主義を通常，「**権利確定主義**」と呼んでいる。

権利確定主義	……課税所得の計算を，財貨または役務の受渡しに伴う権利・義務の発生の事実，換言すれば，個々の収益・費用を法的債権・債務が確定したかどうかという法的テストによる認識で行うもの

2．発生主義，実現主義と権利確定主義

権利確定主義とはいかなる法的基準かをみるために，企業会計と比較することから始めたい。

企業会計は，法人の収益および費用をどの年度において計上すべきかについては，**発生主義**を基本としつつ（企業会計原則第二の一B），収益に関しては**実現主義**を採用している（同，第二の三B）。これに対して，法人税法は，「**収入すべき債権の確定した金額**」で収益を，「**支払うべき債務（債務履行）の確定した金額**」で費用をそれぞれ計上しようというものである。したがって，たとえ現実の収入・支出がなくても収入すべき債権・支出すべき債務の確定があれば，その期間の収益・費用として所得計算を行おうというものである。

このように，権利確定主義を所得計算における収益・費用の期間帰属の問題であるとすれば，権利確定主義は，広い意味での発生主義の範疇に含めることができるであろう。

3．権利確定主義の意義

権利確定主義に対する会計理論からする通説的解釈は，発展的に「現金主義→権利確定主義→発生主義」というように現金主義と発生主義の中間に位置する半発生主義と捉えられることが多い。しかし，「中間に位置する」と捉えるのはよいが，歴史的には，商品などを掛で販売していたときに，はじめから権利確定主義が採用されており，「発展的に」捉えるのは正しくない。企業会計が現金主義から発生主義へと展開し，税法もこれに追従することになるのだが，この場合，税法が採用した発生主義は，収益・費用の「発生」を債権・債務の確定という法的テストに求めたのであり，こうすることで，法的安定性と課税の公平を実現し，もって安定的な歳入の確保を達成するのである。

［図表７－１］　企業会計と権利確定主義

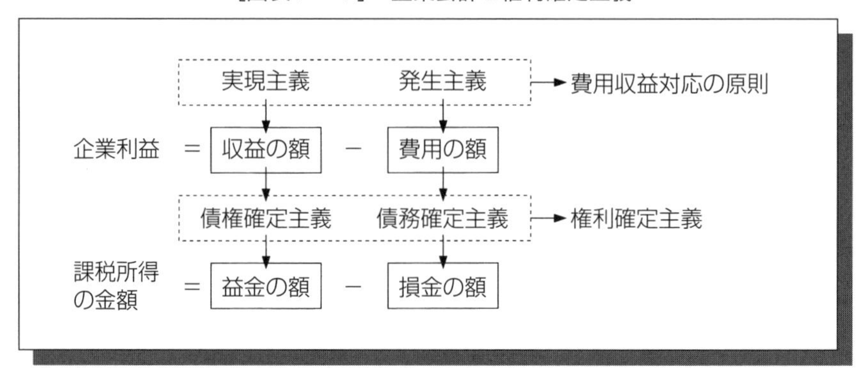

現金主義では現金の収入，支出による差額＝現金残高が所得となり，所得と納税資金との対応が存在した。しかし，株式会社の発展，信用制度の高度化に伴って，企業会計が現金主義から発生主義へと展開すると，現金の収支とは関係なく，発生の事実によって収益・費用が認識されて所得が計算されることになる。これは，納税者にとって，いまだ担税力のない未実現の所得を基に課税が行われることを意味し，納税資金の点で重大な欠陥を有したものであった。

発生主義の欠陥である未実現所得への課税は，納税資金ばかりではなく，法人にとっては資本の食いつぶしにもつながる。一方，歳入の確保を最優先する課税庁サイドにとっても，発生主義の採用による税収の早期確保は魅力的であるが，かといって資本の食いつぶしによる法人の疲弊も看過できないし，また，現金主義による納税の遅延や期間性の欠如に起因する歳入の不安定化も重要な問題である。

かくして，権利確定主義は，この法人サイドと課税庁サイドの利害の接点に位置するものとして税法上採用されたことがわかるであろう。したがって，企業会計でいう**実現主義**なるものは，税法の要請する権利確定主義，正確には債権確定主義に基づいた収益の認識基準と親和性があることが理解できるであろう。

４．権利確定主義の計算構造

「収入すべき債権の確定」,「支払うべき債務の確定」を基準として認識される収益・費用による所得計算，すなわち権利確定主義による所得計算とは，一体どのような認識プロセスを経て計算されるのか。

ここでは設例を設けて，この問いに答えることにしよう。

この**設例７－１**の場合，実現主義で把握される収益は，100円の売上高であって売掛金ではないが，売掛金という売上債権の確定があってこそ認識（計上）される。逆に，権利確定主義では，収益を収入すべき債権の確定，すなわち売掛金に係わらしめて認識（計上）されることになる。この場合に把握される収益は，売上高ではなく売掛金100円という純財産の増加であり，売上高が問題となるのは，売掛金という純財産増加の原因を明らかにするためであるにすぎない。

《設例７－１》

原価80円の商品を100円で掛売りした場合

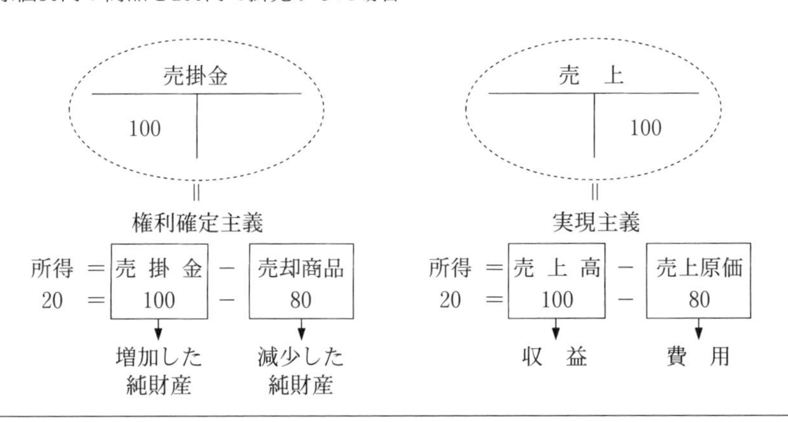

したがって，収益の期間帰属を決定する認識基準としては，実現主義がフローの側面に，権利確定主義（債権確定主義）がストックの側面に着目した基準で

あることがわかるであろう。

《設例７－２》

100円を年利率６％，元利とも１年後返済の約束で貸し付けた場合

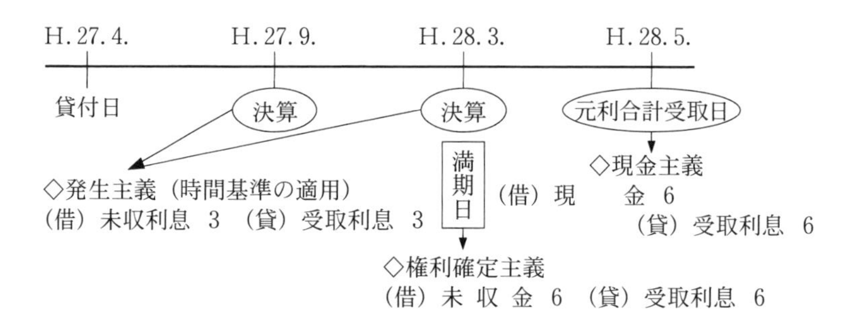

この**設例７－２**の場合，一定の契約によって継続的に役務を提供する場合において，すでに提供された役務の対価が未だ収入されていないときには，その額を収益に加算するとともに，未収収益に認識（計上）しなければならない。これが発生主義における時間基準と呼ばれるもので，設例の場合，決算時に受取利息（収益）が計上されるとともに，借方に未収利息が計上される。

ところが，この未収収益は会計期末に役務の提供が未だ完了しておらず，それは確定した債権ではない。役務の提供が完了しておれば，それは確定した債権であるから未収金でなければならない。したがって，権利確定主義による収益の認識は，提供された役務の完了した満期日に確定債権である未収金として計上されるが故に，受取利息が貸方に計上されることになる。権利確定主義にあっては，未収金という純財産の増加の原因を貸方で受取利息として認識する関係として成立しているのである。

第8章

益金の額の計算に関する「別段の定め」

ここでは，第5章3．に掲げた「別段の定め」のうち主なものをピックアップして，本章と次章以下で概説する。

1．受取配当等の益金不算入（法23）

受取配当等の益金不算入の制度は，法人擬制説を採用したシャウプ勧告の根本思想に基づいて設けられたものである。要するに，法人が保有する株式について，その発行会社から配当を受け取ったときは，企業会計では収益（営業外収益）とされる。しかし，税負担の観点からは，企業が利益を獲得した段階で法人税を課税され，その課税後の税引後利益から配当が行われる。よって，法人株主が配当を受け取った場合には，すでに配当を支払う段階で法人税が一度課税されているので，法人間の二重課税を排除するために，この受取配当等の益金不算入の制度が設けられている。

また，親会社が子会社より受け取る配当金に課税するとすれば，子会社よりも支店形態の方が税負担の上で有利となり，税制の中立性の観点からも好ましくない。

ところで，法人の株式保有は，支配関係を目的とする場合と，資産運用を目的とする場合がある。前者の支配目的の株式への投資については，経営形態や法人グループの構成に税制が影響を及ぼさないように100％益金不算入としつつ，持株比率の基準を3分の1としている。後者の支配目的が乏しい資産運用目的の株式等への投資は，他の投資の機会（例えば，債券投資）との選択を歪めないように，持株比率5％以下の場合は20％益金不算入としている。

■受取配当等の益金不算入制度

持株比率	区　分	益金不算入割合	
100％	完全子法人株式等 （株式等保有割合100％）	100％	負債利子控除の適用あり
	関連法人株式等 （株式保有割合$\frac{1}{3}$超）		
$\frac{1}{3}$	その他の株式等 （株式保有割合5％超$\frac{1}{3}$以下）	50％	負債利子控除の適用なし
5％	非支配目的株式等 （株式保有割合5％以下）	20％	
0％			

※証券投資信託は100％益金算入される。

<負債利子控除制度について>

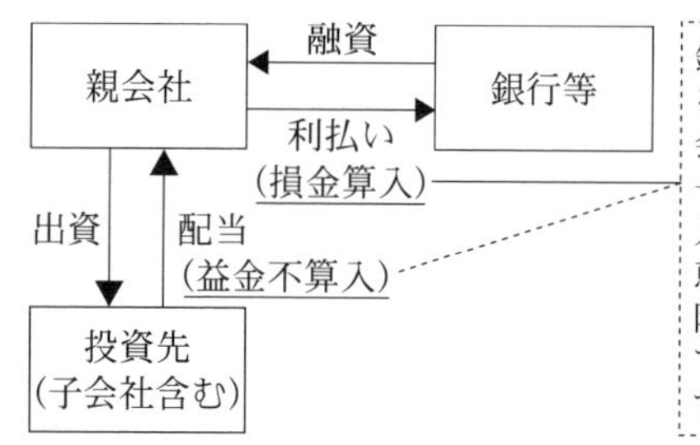

銀行等からの借入金（負債）で株式を購入する場合，その負債利子を親会社の損金に算入（非課税）できる一方，その配当金について益金不算入（非課税）にできると，二重に恩恵を受けてしまう。そうした状況を防ぐために，負債利子相当分について益金不算入としない（益金とみなす）仕組みが「負債利子控除制度」。

（注）1．完全子法人株式等：配当等の額の計算期間を通じて完全支配関係がある株式等（法23⑤）

2．関連法人株式等：発行済株式総数の$\frac{1}{3}$超を配当等の額の計算期間を通じて（一般的には，配当等の額の支払基準日以前6月間継続して）保有している場合の株式等（法23④）

3．その他の株式等：完全子法人株式等，関連法人株式等及び非支配目的株式等のいずれにも該当しない株式等

４．非支配目的株式等：発行済株式総数の５％以下を配当等の額の計算期間を通じて保有している場合の株式等及び特定株式投資信託の受益権（法23⑥）

なお，控除負債利子の額は，次のうちいずれか少ない金額とされている（法23①，令19①・②）

関連法人株式等に係る配当等の額×４％	⇒	控除負債利子の額 いずれか少ない金額
当期の支払利子等の額の合計額×10％		

■外国子会社配当益金不算入制度の創設

平成21年度税制改正により，外国子会社から受け取る配当について，所得の計算上，益金の額に算入しないこととする制度が創設され，基本的に海外で課税が完結することになった。

益金不算入額＝外国子会社からの配当金額×95％

※残りの５％は剰余金の配当等の費用の額とみなされて益金不算入額から控除される。

２．資産の評価益の益金不算入（法25）

会社法は，資産の期末評価について，いわゆる**取得原価主義**を採用しており，評価益の計上は未実現利益を排除する観点からこれを認めないという立場に立っている（計規５③一）。これは，一般に企業会計も同様であり，法人税法も同様の立場がとられており，原則として益金の額に算入しない。つまり，法人税法では法人が**評価益**を計上しても，原則として益金の額には算入しないで，その資産の帳簿価額の増額がなかったものとみなされる。

この規定が留意的規定といわれるのであるが，法人税法は第22条第２項において資本等取引以外の取引に係る収益を益金の額に算入すべきものとしたところから，評価換えという「その他の取引」に属し，資産の評価益もこの収益となって，益金の額に算入されることとなる。また，純財産増加説からも当然のこととして，資産の評価益は収益となってしまう。そこで，法固有の要請としては収益となるのであるが，未実現であるが故に，この評価益を特に益金の額に算入しない旨を定めているのである。

例外的に，次に掲げる評価換えによる評価益に限り，益金の額に算入される。

① 会社更生法の規定による同法の規定に従って行う評価換え（法25②）

② 民事再生法の規定による再生計画認可に伴う評価換え（法25③）

③ 保険会社が保険業法第112条の規定に基づいて行う株式の評価換え（法25②，令24）

④ 売買目的有価証券の時価法による評価換え（法61の３）

３．法人税等の還付金の益金不算入（法26）

納付した税金が過誤納などの理由で戻った場合，これを**還付金**という。法人が還付金を受け取った場合，通常，収益（前期損益修正とみるべきもの）として経理される。しかし，法人が納付する法人税や住民税，税額控除の適用を受ける所得税および外国法人税等は，損金の額に算入されない（法38・40・41）ので，これと裏腹に，これらの法人税等の還付を受けた場合または還付を受けるべきものが未納の国税もしくは地方税に充当された場合には，その還付を受けまたは充当された金額は，益金の額に算入されない。

① 益金不算入還付金：法人税，都道府県民税，市町村民税，所得税など

② 益金算入還付金：事業税，自動車税，固定資産税など

４．組織再編成に係る所得の金額の計算（法62・62の２～９）

法人が組織再編成（分割，合併，現物出資，現物分配，株式交換または株式移転）により，その有する資産等を他に移転した場合において，その組織再編成が適

格組織再編成（適格分割，適格合併，適格現物出資，適格現物分配，適格株式交換または適格株式移転）に該当するときは，移転資産の譲渡損益の計上を繰り延べる（**図表８－１**）。すなわち，適格分割型分割または適格合併による資産等の移転は，帳簿価額による資産等の引継ぎとし，譲渡損益の発生はないものとし，適格分社型分割または適格現物出資による資産等の移転は，帳簿価額による資産等の譲渡とし，譲渡損益の計上を繰り延べる。

［図表８－１］　移転資産の譲渡損益

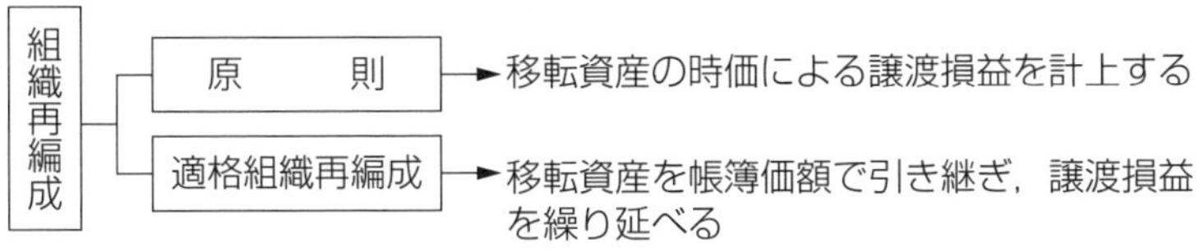

組織再編成	原　則	→ 移転資産の時価による譲渡損益を計上する
	適格組織再編成	→ 移転資産を帳簿価額で引き継ぎ，譲渡損益を繰り延べる

※適格組織再編成とは，分割，合併，現物出資，現物分配，株式交換または株式移転といった一連の組織再編成の中で，一定の「適格」要件を満たすもので，その適格要件は「企業グループ内の組織再編成」と「共同事業を行うための組織再編成」の別に合併，分割，現物出資，現物分配，株式交換または株式移転について定められている。

一方，適格合併に該当しない合併による資産等の移転は，時価による資産の譲渡とし，その譲渡益または譲渡損は，その合併の日の前日の属する事業年度（最後事業年度）の益金の額または損金の額に算入する（**図表８－２**）。

■株式交換・株式移転税制

所有株式の発行法人が，いわゆる完全持株会社を頂点とする企業グループの編成を目的として，株式交換または株式移転の方法により完全親会社となる他の法人の完全子会社となったため，その株主であった法人が旧株と引換えに完全親会社の株式（新株）のみを取得した場合には，旧株の帳簿価額を新株に引き継がせて旧株の含み益に対する課税を将来に繰り延べる。

一方，その株式交換または株式移転が「適格株式交換」または「適格株式移転」に該当しない「非適格」のものであるときは，その完全子会社となった旧株の発行法人の有する固定資産，土地，有価証券などの「時価評価資産」について時価評価を強制し，評価損益を課税損益に算入する措置が設けられている（法62の９①）。

［図表８－２］　組織再編成における移転資産等の譲渡損益課税

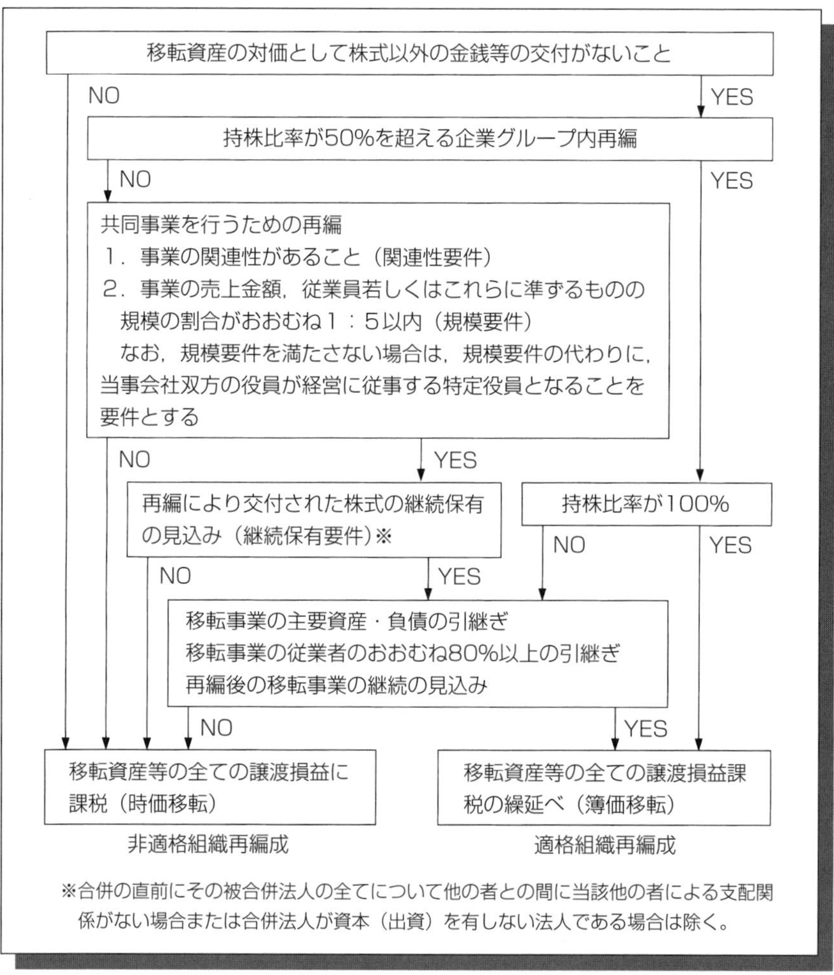

出所：山本守之『法人税の理論と実務〔令和２年度版〕』（中央経済社，令２），p.666を一部修正して作成。

[図表８－３]　株式交換税制

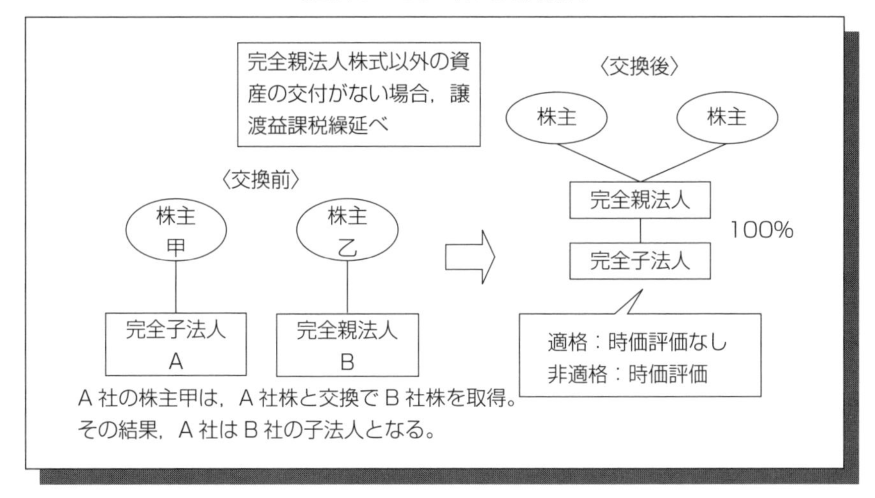

出所：財務省資料より。

[図表８－４]　株式移転税制

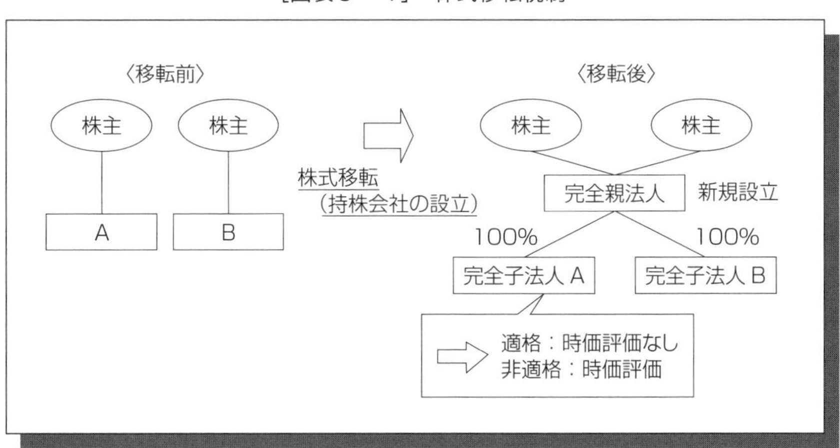

出所：財務省資料より。

第9章

損金の額の計算に関する「別段の定め」

1．棚卸資産の売上原価等の計算およびその評価の方法（法29）

継続企業を前提とする場合，一般に，期末棚卸資産が存在し，仕入高や製造したものの一部が販売されずに期末に残っているのが普通である。その場合，売上原価の算定は，次の式で表される。

売上原価 ＝ 期首棚卸高 ＋ 当期仕入高(製造原価) － 期末棚卸高

この算式でわかるように期末棚卸資産評価額が，当期の売上原価や製造原価の決定に，ひいては当期純利益の計算に直接影響を及ぼすことになる。

したがって，所得計算上損金の額に算入する売上原価等の算定の基礎となる棚卸資産の期末評価の方法および取得価額の計算方法を規制し，法人はその選定した方法により，継続的に期末評価を行うべきこととしているのである。

棚卸資産の原則的評価方法として，次の6通りの**原価法**とそのいずれかを基礎とする**低価法**とを定め（**図表9－1**），法人は，これらの中からそのよるべき評価方法を選定しなければならない（令28①・②)。

棚卸資産の期末評価にあたっては，いずれの評価方法によるにせよ，その取得価額（取得原価）がその評価額の算定の基礎となる。そこでいかなる範囲の費用を取得価額に含めるかは，期末棚卸資産の評価額の計算上きわめて重要で

［図表9－1］　棚卸資産の原則的評価方法

① 原則的評価方法─┬─原価法：1）個別法，2）先入先出法，3）総平均法，4）移動平均法，5）最終仕入原価法，6）売価還元法
　　　　　　　　　└─低価法（原価と時価のいずれか低い方の価額で評価する方法）

② 特別な評価方法──①以外の評価方法を選定する場合は，所轄税務署長の承認を受けて行う。

（注）1．評価方法の選定をしなかった場合または選定した評価の方法により評価しなかった場合には，最終仕入原価法による原価法によっているとみなされる（令31①）。

2．低価法 ｛洗替え法─翌期の期首に低価法適用前の取得価額に戻す方法／切放し法─低価法を適用した時価を翌期首の取得価額とする方法｝

※切放し低価法は，平成23年4月1日以後に開始する事業年度より廃止され，現在は洗替え法のみが認められている。

ある。これについては，棚卸資産の取得の態様に応じて，それぞれ取得価額に含めるべき費用の範囲を法定している（令32）。取得の態様は，①購入，②製造等，③合併または出資による受入れ，④その他（贈与，交換，代物弁済等）に分けて，取得価額が計算される。

2．有価証券の譲渡損益および時価評価損益（法61の2～4）

有価証券の譲渡による損益は，その譲渡収入から譲渡原価を差し引いて求められるが，この際の有価証券の譲渡原価は，棚卸資産の売上原価の計算と同じく，次の式で表される。

譲渡原価 ＝ 期首有価証券価額 ＋ 当期投入高 － 期末有価証券価額

有価証券の取得価額が評価額の基礎となる以上，法人税法は，棚卸資産の場合と同様に，その取得の態様に応じて，①購入，②金銭の払込みまたは金銭以外の給付，③株式等無償交付，④有利発行または無償交付，⑤その他（合併，分割型分割等）等々により取得した有価証券に分けて，取得価額が計算される（令119①）。

［図表９－２］　有価証券の区分と期末評価方法

有価証券の区分	内　　容
売買目的有価証券 （企業支配株式を除く） （法61の３①一，令119の12）	①　短期的な価格変動を利用して利益を得る目的（「短期売買目的」という）で行う取引に専ら従事する者が，短期売買目的でその取得の取引を行った有価証券 ②　短期売買目的で取得したものとして，その取得の日に「売買目的有価証券」等の勘定科目により区分した有価証券（①に該当するものを除く） ③　短期売買目的の有価証券を取得する金銭の信託として，信託財産となる金銭を支出した日に区分した金銭の信託のその信託財産に属する有価証券
満期保有目的等有価証券 （令119の2②）	①　償還期限の定めのある有価証券（売買目的有価証券に該当するものを除く）のうち，その償還期限まで保有する目的で取得したものとして，その取得の日に「満期保有目的債券」等の勘定科目により区分した有価証券 ②　企業支配株式（法人の特殊関係株主等が，その法人の発行済株式の総数または出資金額の20%以上に相当する数の株式または出資を有する場合における，その特殊関係株主等の有する株式または出資をいう）
その他の有価証券 （令119の2②）	上記以外の有価証券

有価証券の期末評価

有価証券の区分		帳簿価額	期末評価
売買目的有価証券		移動平均法または総平均法	時価法
売買目的外有価証券	満期保有目的等有価証券		原価法 （償還期限および償還金額の定めのあるものについては償却原価法）
	その他有価証券		

（注）１．法定評価方法は移動平均法である（令119の7①）。
２．時価法とは，期末に所有する有価証券を銘柄の異なるごとに区分して，その銘柄の同じものについて時価により評価することをいう。したがって，時価法によって有価証券を評価した場合においては，評価損または評価益が計上される。

税法上，この評価損益の取扱いは，{評価損→損金算入／評価益→益金算入} となる（法61の3②）。

3．減価償却資産の償却費の計算および その償却の方法（法31）

法人税法は第22条第3項第2号カッコ書きで減価償却費を損金の額に算入することを明らかにしているが，具体的にいかほどの金額を損金の額に算入するかが明らかでない。そこで，第31条で課税の公平の観点から減価償却資産の償却限度額を定めている。**償却方法，残存価額，耐用年数**を法定することにより，損金として認められる最高額である**償却限度額**が算定される。また，減価償却費として損金に算入されるのは，法人が償却費として**損金経理**をした金額，すなわち，その確定した決算において費用として経理した金額に限られる。この場合，確定決算において損金経理により計上された減価償却費が償却限度以内であれば問題はないが，限度額を超えて計上されている場合には，その限度超過額は損金不算入となり課税所得に加算されることになる。

［図表9－3］　減価償却資産の償却の方法

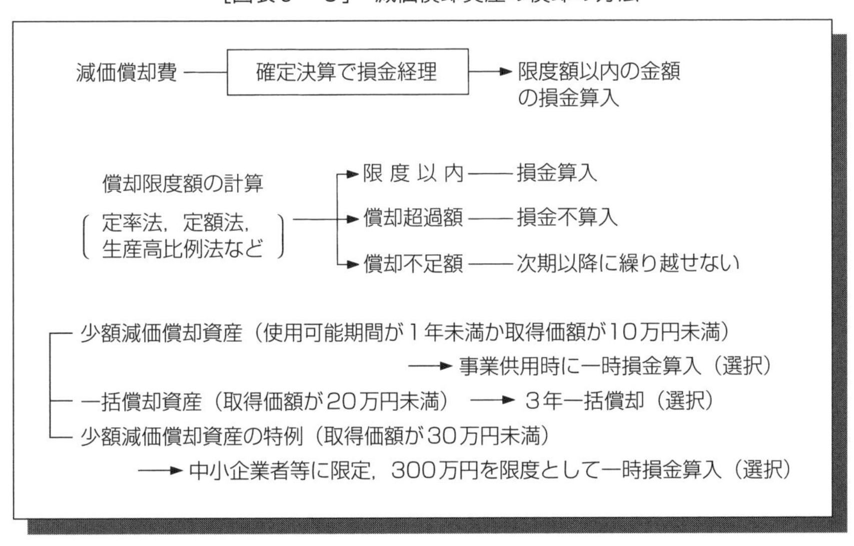

［図表９－４］　減価償却制度の概略

<table>
<tr><td>a．範　　囲</td><td>減価償却資産の範囲は，有形減価償却資産（建物，構築物，備品など），無形減価償却資産（特許権，商標権，営業権など），生物（牛，馬，果樹など）に法定されている（令13）。
なお，減価償却資産の使用期間が１年未満であるものや取得価額が10万円未満であるものは，全額損金経理することができる（令133）。</td></tr>
<tr><td>b．償却方法</td><td>１．通常の資産の償却方法（令48の２）
１）有形固定資産…定額法または定率法（建物，建物附属設備および構築物は定額法のみ，法定償却方法は定率法）
２）鉱業用減価償却資産（鉱業権およびリース資産を除く）…定額法，定率法または生産高比例法
３）無形固定資産（鉱業権，営業権およびリース資産を除く）および生物…定額法
４）鉱業権…定額法および生産高比例法
５）営業権…定額法（５年間均等償却）
６）リース資産…リース期間定額法
２．特別な償却方法（令48の４）
減価償却資産（営業権を除く（もちろん生物は除く））については，あらかじめ税務署長の承認を受けて，法人税法に定める償却方法以外の特別な償却方法（例えば，級数法など）を選定することもできる。
３．特殊な資産の償却方法…取替法（令49）
取替資産（軌道，まくら木，電柱，送電線，碍子など）にあっては，最初に投入した資産についてはその取得価額の50%に達するまで定額法または定率法によって償却し，以後は償却を行わず，その取得資産が使用に耐えなくなった場合の取替費用をそのつど全額損金算入することができる。</td></tr>
<tr><td>c．耐用年数，償却率，残存価額，計算方法</td><td>「減価償却資産の耐用年数等に関する省令」による（別表１～11）。
１．平成19年４月１日以後に取得する減価償却資産について，残存価額（取得価額の10%），および償却限度額（同５%）が廃止され，備忘価額１円まで償却できる。これにより，定額法の場合に損金算入できる減価償却費の額は，［取得価額］÷［法定耐用年数］で単純計算できる。また，定率法の場合は，定額法の償却率（１÷耐用年数）を2.5倍した250%定率法が導入された。
しかし，平成24年４月１日以後に終了する事業年度から，税率引下げに伴う増収措置として，200%定率法が適用される。
ただし，定率法で計算された減価償却費の額が定額法で計算した減価償却費の額を下回った時点で定額法に切り替えて減価償却費を計算する。</td></tr>
</table>

	2．従来250%定率法で償却していた資産も平成24年4月1日以後最初に終了する事業年度の申告期限までに届出を行うことを要件として，「当初の耐用年数で償却を終了することができる経過措置」が手当てされる。具体的には，残存期間を耐用年数，その時点の簿価を取得価額とみなして計算する方法で行う。 もちろん，平成24年3月31日までに取得した資産については従来どおり，250%定率法による償却が認められる。
d．取得価額	減価償却資産の取得の態様に応じて，①購入，②自己の建設，製造，③自己が育成した牛馬等および果樹等，④適格合併等による受入れ，⑤出資による受入れ，⑥その他の方法（贈与，交換，代物弁済等）に区分して規定している（令54①）。ほかに圧縮記帳の特例があり，圧縮記帳をした場合は実際の取得価額ではなく，その圧縮後の金額による（令54③）。
e．特別償却	普通償却のほかに，産業政策的見地から，普通償却を超える加速償却を認める特別償却を租税特別措置法で規定している。

《設例9－1》

取得価額1,000,000円，耐用年数6年，200%定率法で償却のケース

4年目で定率法による償却限度額が償却保証額より低くなるため，4年目以降は定額法による償却限度額の計算を行うこととなる（定率法の償却率0.333，改定償却率0.334，保証率0.09911）。

経過年数	取得価額－既償却額	定率法償却限度額	償却保証額	改定取得価額×改定償却率	採用される償却限度額
1年目	1,000,000	333,000	99,110		333,000
2年目	667,000	222,111	99,110		222,111
3年目	444,889	148,148	99,110		148,148
4年目	296,741	98,814	99,110	99,111	99,111
5年目	197,630	65,810	99,110	99,111	99,111
6年目	98,519	32,806	99,110	98,518	98,518

4．繰延資産の償却費の計算および その償却の方法（法32）

法人税法は，繰延資産について，法人が支出する費用のうち支出の効果がその支出の日以後1年以上に及ぶものをいうとしている（法2二十四)。具体的には，次の①～⑤までの繰延資産（ほぼ会社法と同じ）と⑥の法人税法上の繰延資産である（令14)。

①　創立費　②　開業費　③　開発費　④　株式交付費
⑤　社債等発行費　⑥　法人税法上の繰延資産

※法人税法上の繰延資産とは，次に掲げる費用で，支出の効果がその支出の日以後1年以上に及ぶものをいう（令14①六)。

(イ)　自己が便益を受ける公共的施設または公共的施設の設置または改良のために支出する費用（自己の都合で公道を舗装した場合，所属する協会の会館建設の負担金など）

(ロ)　資産を賃借しまたは使用するために支出する権利金，立ち退き料その他の費用（建物を賃借するために支出する権利金（更新料)，立ち退き料など）

(ハ)　役務の提供を受けるために支出する権利金その他の費用（ノーハウ設定の頭金など）

(ニ)　製品等の広告宣伝の用に供する資産を贈与したことにより生ずる費用（看板，ネオンサイン，どん帳等の贈与費用など）

(ホ)　イからニまでに掲げる費用のほか，自己が便益を受けるために支出する費用（職業運動選手との専属契約のための契約金など）

また，繰延資産の償却費は，法人が損金経理した金額のうち，法定の償却限度額に達する金額まで，損金に算入される（法32①)。

■繰延資産の償却限度額

⑴　①〜⑤までの繰延資産 → 任意償却

創立費，開業費，開発費，株式交付費および社債等発行費の繰延資産は，償却前帳簿価額（すでに償却した金額を控除した金額）に相当する金額が，その事業年度の償却限度額となる（令64①一）。要するに，いつ，いかなる金額を償却するかは法人の自由ということである。

繰延資産の額－既往年度において損金算入した償却額＝償却限度額

⑵　⑥の繰延資産 → 均等償却

法人税法上の繰延資産は，その支出の効果の及ぶ期間に応じた金額が償却限度額となるよう，次の算式で計算される（令64①二）。この計算式による場合，償却期間内の各年度の償却限度額は，均等額となる。

$$\text{繰延資産の額} \times \frac{\text{その事業年度の月数}}{\text{償却期間の月数}} = \text{償却限度額}$$

※償却期間としての「支出の効果の及ぶ期間」は，固定資産を利用するために支出した繰延資産には当該固定資産の耐用年数を，一定の契約をするに当たり支出した繰延資産についてはその契約期間をそれぞれ基礎として適正に見積もった期間によるとされている（基通８－２－１）。しかし，法人税法上の繰延資産のうち，典型的なものについては，画一的に基本通達で定めている（基通８－２－３）。

5．資産の評価損の損金不算入（法33）

企業会計や会社法が取得原価主義を原則としながら，保守主義の立場から資産保有時の未実現の損失について評価損の計上を認めている。法人税法もほぼ近似の考え方を採用している。つまり，取得原価主義を採る立場から，資産の評価損の計上を認めないことを原則としているのである。その理由は，価格の一般的な下落による評価減が現実に発生しているとしても，資産の販売や譲渡等が行われない限り収益の実現はなく，よって損失も資産の譲渡等がなされない限りは，損失が実現していないのであるから，これを損失の額に算入しないのである。したがって，減価償却額の計算，譲渡損益の計算等において，その資産の帳簿価額は減額されなかったものとみなされる。

ただし，例外として，法人の資産の価額（資産の時価）が，「災害による著しい損傷その他の政令で定める事実」（法33②）が生じたためその帳簿価額を下回ることとなった場合に，その資産の評価換えをして損金経理によりその帳簿価額を減額したときは，その減額した部分の金額は損金に算入される。

ここにいう「著しい」とは資産の価値がほぼ半分以下になるような状態をいい，また「その他の政令で定める事実」とは，次の事実をいう（令68）。

① 棚卸資産……災害による損傷，陳腐化，更生手続き等（**図表９－５参照**）

② 有価証券……価額の低下，企業支配株式で発行法人の資産状態の悪化による価額の低下，更生手続き等

③ 固定資産……災害による損傷，１年以上の遊休状態，用途変更，所在場所の状況の変化，更生手続き等

④ 繰延資産……固定資産を利用するための支出によるものについて，固定資産に準じた損金計上を認めている。

※上記①～④の資産の種類に応じた特別の事実の他に，民事再生法の規定に基づく民事再生手続きその他の債務処理手続きに伴う資産評価損の計上も認められる（法33④，令68の２）。

［図表９－５］　棚卸資産の評価損の可否事例の概要

<table>
<tr><th>事　実</th><th>発生原因</th><th>取扱い</th><th>処理方法</th></tr>
<tr><td rowspan="5">時価が帳簿価額より低下</td><td>災害によって著しく損傷した</td><td rowspan="4">評価損の損金算入可</td><td rowspan="4">損金経理により帳簿価額を減額し時価との差額の範囲内での損金算入となる</td></tr>
<tr><td>売れ残り季節商品で通常価額で販売できない</td></tr>
<tr><td>型式・性能・品質などが旧式化し，通常の方法では販売できない</td></tr>
<tr><td>破損・型崩れ・棚ざらし・品質変化などにより通常の方法では販売できない</td></tr>
<tr><td>例えば，物価変動・過剰生産・建値の変更などによる</td><td>評価損の損金算入不可</td><td>――</td></tr>
</table>

なお，預貯金，貸付金，売掛金その他の金銭債権について生じた減損については，別途，貸倒引当金または貸倒損失の計上により解決すべきものとされているので，評価損の計上は認められない（基通９－１－３の２）。

6．役員給与等の損金不算入（法34・36）

（1）役員給与の概要

法人が支払う給料，報酬，賞与，退職給与を総称して給与というが，これらは必ずしも税法上損金に算入されるとは限らない。

使用人に支払う給与（給料，賞与，退職給与）は，労働の対価性が認められるので損金算入されるが，役員に支給する給与については取扱いを異にする。税法上の「役員給与」とは役員へ支払われる給与すべてをいい，月々の給料（役員報酬）・賞与（役員賞与）・退職金（役員退職給与）の３つ全部を指している。原則的には，役員報酬と役員退職給与は経営管理労働としての対価性を認めて損金算入されるが，役員賞与については，利益獲得への功労・功績という意味付けから利益処分としての性格が強いといえる（平成18年会社法施行前は，損金不算入の扱いを受けていた）。

（2）役員の範囲

法人税法上，役員は会社法上正式に選任された役員（法２十五）のほか，職制上使用人の地位を有しない者で，実質的に経営権を有している者も役員（これを「みなし役員」という）として取り扱われる（令７）。

また，取締役が部長等の使用人の職務を兼ねる例が多く，このように役員と使用人との両性を持つ者を使用人兼務役員という（法34⑥）。

［図表9－6］　役員給与の取扱い

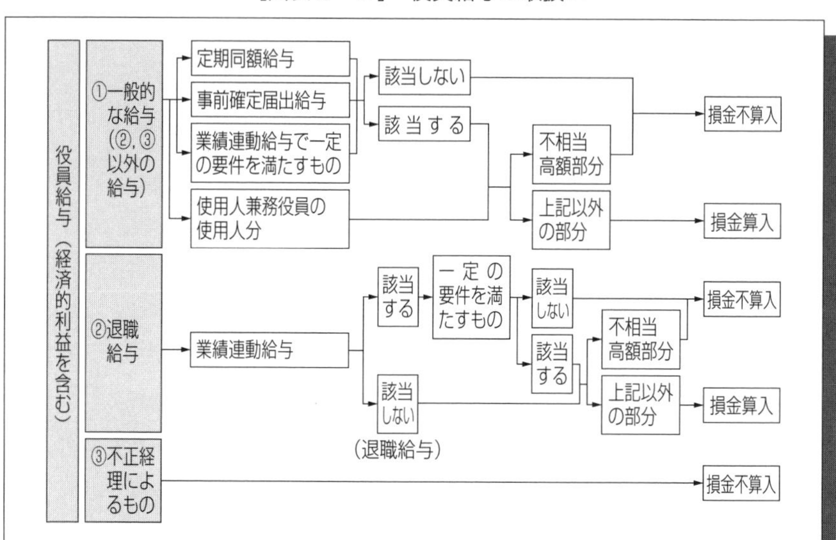

（注）1　定期同額給与：支給時期が1月以下の一定の期間ごとであり，かつ，その事業年度内の各支給時期における支給金額が同額である給与（法34①一）

2　事前確定届出給与：所定時期に確定額を支給する旨の定めに基づいて支給する給与で事前に所轄税務署長に届出をした給与（法34①二）

3　業績連動給与：同族会社以外の法人が業務執行役員に支給する利益に関する指標を基礎として算定される一定の給与（法34①三）。ただし，指標等が有価証券報告書に記載されており，報酬委員会が決定するなどの一定の要件を満たす必要がある（令69⑨～㉑）。

4　退職給与：あらかじめ定められた退職給与規程に基づくものであるかどうかを問わず，またその支出名義のいかんを問わず，役員の退職を起因として支給される一切の給与（所法30参照）

5　新株予約権による給与：職務執行の対価たる給与の支払に代えて新株予約権の付与をした場合には，所得税法上，給与所得または退職所得として課税すべき事由が生じた日において給与を支給したものとみなして，損金の額に算入できる給与（法34①，54の2）

6　使用人兼務役員の使用人分給与：使用人兼務役員に対して支給する使用人としての職務に対する給与（純然たる役員としての職務に対する給与と区別される）

7　不正経理による給与：支給する給与が事実を隠ぺいし，または仮装して経理することにより支給される給与（法34③）

出所：（公社）全国経理教育協会編『令和5年版　演習法人税法』（清文社，2023），p.80より（一部修正）。

［図表9－7］　税法上の役員の範囲

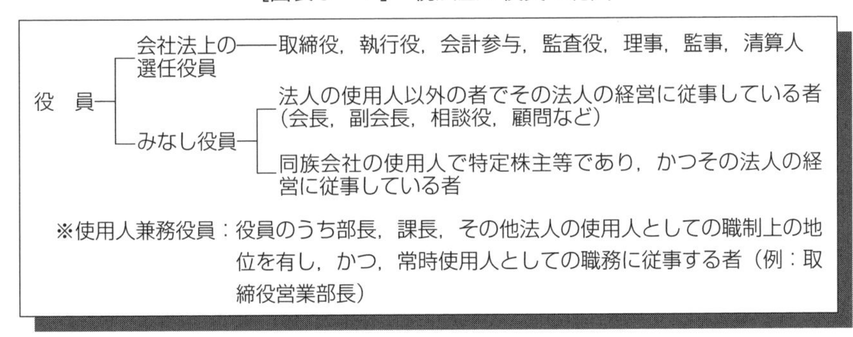

（3）不相当に高額な部分の金額

役員給与は，いずれも基本的には損金として認められるが，「不相当に高額な部分の金額」であると認められる場合には，その不相当に高額な部分の金額は損金の額に算入されない（法34②）。これは，本来は利益処分の性格を有する「役員賞与」が損金算入の役員給与に算入されるのを防止する措置であった。

［図表9－8］　定型的給与の不相当に高額な部分の金額の判定

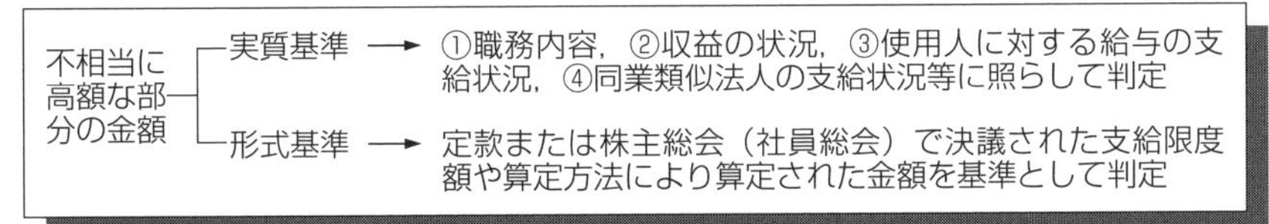

①　定型的給与の高額な部分

定型的給与（定期同額給与，事前確定届出給与および業績連動給与を指す）の「不相当に高額な部分の金額」の判定には，実質基準と形式基準とがあり，そのいずれの基準にも該当するときは，そのうちいずれか多い額が損金不算入となる（令70①一）。

②　退職給与の高額な部分

退職給与の損金性を判断する尺度である会社に対する貢献度を数量的に客観的に測定することが難しく，主観的に流れやすく多分に利益処分となるので，不相当に高額な退職給与の損金不算入規定を置いている（法34②，令70①二）。

不相当に高額な部分の金額（実質基準）⟶①在職年数，②退職の事情，③同業類似法人の支給状況等に照らして判定

③　使用人兼務役員の使用人分給与の高額な部分

使用人兼務役員の使用人としての職務に対する賞与で，他の使用人に対する賞与の支給時期と異なる時期に支給されたものの金額は，不当に高額なものとみなされる（令70①三）。

（4）過大な使用人給与の損金不算入

使用人に支給される給料，賃金，賞与，退職給与などの給与（債務免除による利益その他の経済的利益の供与を含む）は，原則的に，役員の給与とは異なり，損金算入される。しかし，役員と特殊な関係にある使用人＝特殊関係使用人（役員の親族，役員と事実上婚姻関係にある者や役員からの生計支援者およびこれらと生計を一にするその親族）に対して支給する給与については，たとえ使用人であっても，不相当に高額な部分の金額は損金に算入されない（法36，令72の２）。この措置は，役員給与に対する規制が事実上形骸化するとともに，所得分散による租税回避となるからである。

なお，この場合の不当に高額かどうかの判定は，役員給与の高額判定に用いた実質基準によって行う（令72の２）。

７．寄附金の損金不算入（法37）

法人税法上でいう**寄附金**は，寄附金，拠出金，見舞金その他いずれの名義をもってするかを問わず，①金銭の贈与の場合はその金銭の額，②金銭以外の資産の贈与の場合はその贈与の時の時価，③経済的な利益の無償の供与の場合はその供与の時の時価，さらに④いわゆる低額譲渡の場合においては，その資産の時価と譲渡価額の差額のうち実質的に贈与または無償の供与と認められる金額であるとされる（法37⑦・⑧）。

寄附金は，金銭その他の資産の譲渡もしくは経済的利益の無償の供与であるから,契約を結ぶことなどは少なく,寄附するサイドの一方的な意思表示によって成立する。このため，法人の経理操作による不当な税負担の軽減を回避するため，寄附金は現実に金銭等を寄附したときに損金の額に算入することとしている（いわば現金主義）。つまり，未払計上や期日未到来の手形による寄附金は,寄附金とは認められず，反対に，支出したものであれば，仮払金などと処理しても認められる（令78，基通９－４－２の３・９－４－２の４）。

寄附金は，寄附する相手方によって次のように分類され，損金算入の限度額が設定されている。

① **指定寄附金等**：国・地方公共団体に対する寄附金，財務大臣の指定した公益法人等に対する寄附金　⟶　全額損金算入

② **特定公益増進法人に対する寄附金**：教育・科学の振興，文化の向上，社会福祉への貢献等の公益に著しく寄与する法人に対する寄附金　⟶　特定公益法人に対する寄附金と一般寄附金の損金算入限度額のうちいずれか少ない金額を損金算入

$$\left(\begin{pmatrix}\text{資本金の額＋}\\\text{資本準備金の額}\end{pmatrix}\times\frac{\text{当期の月数}}{12}\times\frac{3.75}{1{,}000}+(\text{所得金額})\times\frac{6.25}{100}\right)\times\frac{1}{2}$$

＝ 損金算入限度額

③ **一般寄附金**：上記①・②以外の寄附金で町内会，神社・寺，政治団体，

宗教団体などに対する寄附金 ⟶ 損金算入限度額（下記の算式）の範囲で損金算入

$$\left(\left(\begin{matrix}\text{資本金の額＋}\\\text{資本準備金の額}\end{matrix}\right)\times\frac{\text{当期の月数}}{12}\times\frac{2.5}{1,000}+(\text{所得金額})\times\frac{2.5}{100}\right)\times\frac{1}{4}$$

＝損金算入限度額

（注）所得金額は，寄附金の額の全額を損金の額に算入しないものとして計算するものと規定されている。

よって，①・②・③により寄附金の損金不算入額は，次のようになる。

$$\left(\begin{matrix}\text{寄附金支出金額}\\\text{（現金主義）}\end{matrix}\right)-\left(\begin{matrix}\text{指定寄}\\\text{附金等}\end{matrix}+\begin{matrix}\text{損金算入}\\\text{限度額}\end{matrix}+\begin{matrix}\text{限度額と特定公益増進法人に対す}\\\text{る寄附金とのいずれか少ない額}\end{matrix}\right)$$

＝損金不算入額

一般論として，寄附金の支出について，すべて損金算入を認めると，その全額が法人の負担とならず，法人税収の減少を通じて国が負担することになり，結果として国の意図しない相手に補助金を交付するに等しく，税負担の公平な配分を損なう結果となる。そこで法は，一定限度を設けて寄附金の損金算入を制限しているのであるといわれる。

しかしながら，寄附金の損金性について考えるとき，寄附金の特徴である対価なしで支出する無償性に求められる。そうすると費用収益対応の原則では解明が無理であって，対価を求めない以上，法人の事業活動とは関係がなく，むしろ事業活動の結果である所得の処分，すなわち利益処分と考えられる側面が多分にあるのである。ところが，企業は取引を円滑に行うため，善良な善隣関係の維持のため，あるいはフィランソロピー活動のためといった諸目的をもって社会に存在しており，したがって対価性はなくても，社会的存在としての応分の負担は避けて通れないだろう。

そこでわが国法人税法は，寄附金について，形式基準を設けて損金算入を制限し，もって擬制的に公平を維持するという立法的解決を図っているのである。

8．交際費等の損金不算入（措法61の4）

寄附金に比べて交際費は，一般に，販売拡張や販売促進の効果をもち，事業上の経費として支出される限り，企業会計上は当然費用となり，法人税法上も損金に算入されるべきである。ところが，現実の交際費支出については，過大な交際費の濫用によって税収の減少をまねく結果生じる負担の不公平をなくすとともに，交際費の支出を抑制し，もって資本蓄積を促進するために，租税特別措置法で交際費課税が採用されて，損金算入に制限が加えられている。

交際費の損金算入の規制措置は，1954（昭29）年に時限立法として創設され，その後何回となく改正と課税強化を繰り返し，現在では，原則全額課税となっている。しかし，寄附金が無償で出捐がなされるが故に利益処分と考えられ，「益金の損金化」が生じていると考えられるのに対して，交際費は濫費抑制という政策上の目的から損金不算入の措置が採られるようになり，「損金の益金化」と考えられ，今や重要な税源となっていると同時に，フリンジベネフィット（fringe benefits）に対する代替課税としても機能しているのである。

交際費等とは，交際費，接待費，機密費その他の費用で，法人が，その得意先，仕入先その他事業に関係のある者等に対する接待，供応，慰安，贈答その他これらに類する行為のために支出するものをいう（措法61の4⑥）。接待等の相手方には，直接その法人の営む事業の取引関係者に限らず，間接的に利害関係のある者および法人の役員，従業員，株主等も含まれる。

法人が支出する交際費等は原則として損金不算入とされる。ただし，大法人は，一定の接待飲食費を除き損金不算入とされる。なお，中小法人は年800万円を超える部分の金額が損金不算入となって課税される。

■交際費等の損金不算入額

1　交際費等の額のうち，接待飲食費の額の50％に相当する金額は損金の額に算入することができる（措法61の４①）。

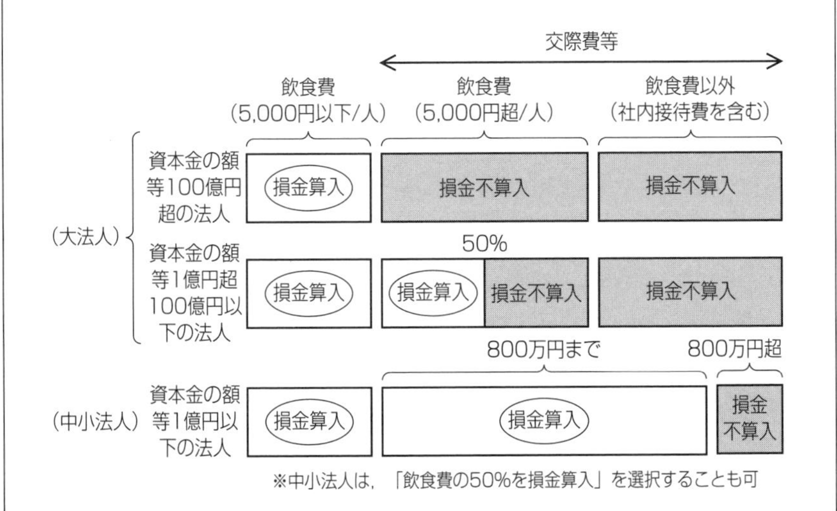

（注１）　接待飲食費とは，交際費等のうち飲食その他これに類する行為のために要する費用（専らその法人の役員若しくは従業員又はこれらの親族に対する接待等のために支出するものを除く）（以下，「飲食費」という）であって，法人税法上で整理・保存が義務付けられている帳簿書類に次の事項を記載することにより飲食費であることが明らかにされているものをいう（措法61の４⑥，措規21の18の４）。

イ　飲食費に係る飲食等のあった年月日

ロ　飲食費に係る飲食等に参加した得意先，仕入先その他事業に関係のある者等の氏名又は名称及びその関係

ハ　当該飲食費に係る飲食等に参加した者の数

ニ　飲食費の額並びにその飲食店，料理店等の名称及びその所在地

ホ　その他飲食費であることを明らかにするために必要な事項

（注２）　１人当たり5,000円以下の飲食費で書類の保存要件を満たしているものについては，交際費等に該当しない（措法61の４⑥二，措令37の５①，措規21の18の４）。

２　中小法人（資本金の額又は出資金の額が１億円以下の法人）は，上記１の接待飲食費の額の50％相当額の損金算入と，定額控除限度額（年800万円にその事業年度の月数を乗じてこれを12で除して計算した金額）までの損金算入のいずれかを選択適用できる（措法61の４①・②）。

出所：財務省資料。

９．租税公課（法38～41・55）

租税公課とは，国税および地方税である「租税」と，国・地方公共団体から租税以外の公の目的に課せられる金銭負担である「公課」とを合わせた用語であるが，さらには罰金・科料等をも含む概念である。

租税公課は，企業会計上，そのすべてが費用として差し引かれる。法人税法上も，資本等取引以外の取引に係る損失（法22③三）とされ，「別段の定め」がない限り，租税公課は原則として損金の額に算入される。したがって，法人が納付する租税公課は，その性質上費用性をもたないもの，および何らかの政策的・技術的理由などから「別段の定め」によって，損金算入を否定されているのである。損金不算入の理由を分類すると次のようになる。

①　制度上，本来その所得の中から支払われることを前提としているもの
　⟶ 法人税，道府県民税，市町村民税の負担額（法38）

②　制裁的な租税公課であるため，損金算入をすることが適当でないもの
　⟶ 罰金，科料，過料，延滞税，過少申告加算税，無申告加算税，不納付加算税，重加算税，印紙税法の規定による過怠税（法55④・⑤）

③　本来の納税義務者に代わって納税するものであることによるもの
　⟶ 第二次納税義務による納付税額（法39）

④　所得計算上の純粋な技術的理由に基づくもの
　⟶ 法人税額から控除する所得税額・外国税額（法40・41）

※損金算入となる租税公課の例示

① 利子税（利子と同様の性質の税金であるため）
② 徴収猶予期間にかかる延滞税（利子と同様の性質のため）
③ 印紙税
④ 固定資産税
⑤ 都市計画税
⑥ 自動車税
⑦ 不動産取得税
⑧ 事業にかかる事業所税
⑨ 事業税（前期確定分および当期中間分）
⑩ 消費税
⑪ 退職年金等積立金に対する法人税

■不正行為等に係る費用・損失の損金不算入（法55）

⑴ 隠ぺい仮装行為にかかる費用・損失および法人税以外の税負担軽減のための費用・損失の損金不算入（法55①・②）

標記のような不正な租税回避行為を実行するためにその協力者に謝礼を支払ったり，故意に損失を負担したりすることがあり得る。このようなことで生じる費用・損失の額は，いわば「不正な費用」であり，仮にこれを損金算入すれば，税負担の 減少分だけ，不正な報酬の一部を肩代わりする結果となるからである。

⑵ 賄賂および不正な利益供与（法55⑥）

公務員に供与する刑法上の賄賂または外国公務員に対する不正の利益供与等またはこれらに当たるべき金銭等もしくは経済的利益の供与をしたことにより生じる費用・損失の額は損金に算入されない。

10. 圧縮記帳制度に基づいた圧縮額の損金算入（法42～50）

(1) 圧縮記帳の趣旨

圧縮記帳とは，法人が国庫補助金等の交付を受けて固定資産等を取得した場合などにおいて，法に定める一定の要件の下にその固定資産等の取得価額を減額（圧縮）して計上し，その取得価額との差額に相当する金額を，その取得年度の所得の計算上，損金の額に算入（圧縮損の計上）する制度である。

すなわち，国庫補助金等の受贈益相当額の損金算入を認めることにより，いったん収益として益金の額に計上されている受贈益と圧縮損とを相殺することによって，あたかも当該事業年度においては所得が生じなかったと同様の効果をもたらすという課税上のテクニックである。この場合，補助金等に直ちに課税を行うと，目的とする資産の取得が困難となり，国庫補助金等の本来の目的が失われることとなり，産業政策上適当でないからである。

［図表9－9］　圧縮記帳の概要

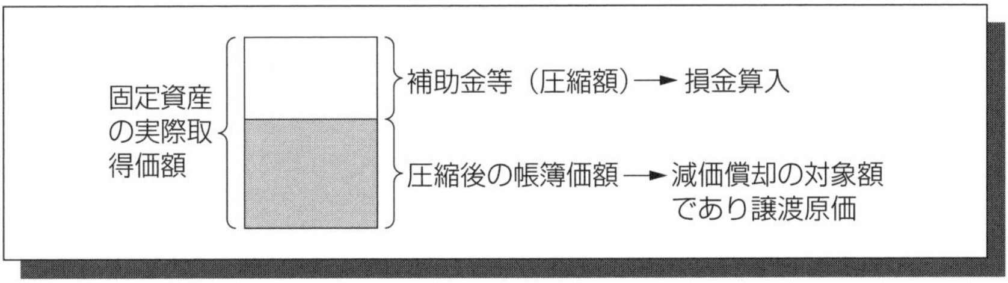

固定資産の実際取得価額
- 補助金等（圧縮額）→ 損金算入
- 圧縮後の帳簿価額 → 減価償却の対象額であり譲渡原価

しかし，税負担が軽くなると喜んでばかりはおれない。圧縮記帳した資産等の取得価額は，圧縮後の金額によるので，その後におけるその資産の減価償却および譲渡原価が，圧縮しない場合と比べて低くなる。そしてこれを通じて（減価償却費が少なくなったり，譲渡益が多くなったりすることで）圧縮記帳した金額が取戻し課税されるので，圧縮記帳は，法人税の免税を意図するものではなく，あくまでも課税延期（繰延べ）を図る制度であるといえる。

(2) 圧縮記帳が認められるもの

法人税法および租税特別措置法において，代表的なものとして，次の場合に圧縮記帳の適用を認めている。

① 国庫補助金等で取得した固定資産等の圧縮記帳（法42～44）

② 工事負担金で取得した固定資産等の圧縮記帳（法45）

③　保険金等で取得した固定資産等の圧縮記帳（法47～49）

④　交換により取得した資産の圧縮記帳（法50）

⑤　収用・換地処分等に伴い代替資産を取得した場合の圧縮記帳（措法64・65）

⑥　特定の資産の買換え・交換の場合の圧縮記帳（措法65の7～66）

（3）圧縮記帳の経理方法

圧縮記帳の経理は，その対象となる固定資産等の帳簿価額を損金経理によって直接減額するのが原則であるが，取得原価主義を採用する会社法や企業会計との調整を配慮して，損金経理による圧縮積立金の繰入れ，利益または剰余金の処分による圧縮積立金の積立方式も認めている（法42①，令80，措法64①等）。

ただし，交換差益，換地処分については，圧縮対象資産を譲渡資産に置き換えるという考えのもとで，直接減額法のみ認めている。

〈圧縮記帳の経理方法〉

①　直接減額方式（資産の取得価額を損金経理により直接減額して記帳する）

（借）圧　縮　損　×××　（貸）固　定　資　産　×××

②　積立金方式（確定した決算において積立金として積み立てる）

（借）圧縮積立金繰入　×××　（貸）圧縮積立金　×××

③　剰余金処分方式（剰余金の処分により積み立てる）

（借）繰越利益剰余金　×××　（貸）圧縮積立金　×××

（注）　剰余金処分方式の場合，損益計算書上では損金にならないから，課税所得の計算上で損金に算入する（申告調整）。

（4）国庫補助金等によって取得した固定資産の圧縮記帳

ここでは数ある圧縮記帳の中から，国庫補助金等によって取得した固定資産の圧縮記帳のみを概説する。

国または地方公共団体その他の団体は，産業政策，設備の近代化，試験研究の推進等の見地から補助金等を交付する場合がある。企業がこの補助金等の交付を受けた場合には，益金の額に算入される。しかし，すでに述べたように，これに課税したのでは税の額だけ資金が欠乏して補助金の目的である資産の取得または改良ができないので，その目的に充てた国庫補助金等の額を限度として圧縮記帳を認めるのである（法42①)。

なお，国庫補助金等の交付に代えて，国または地方公共団体から土地，建物，構築物等の固定資産を無償で取得した場合にも圧縮記帳が認められる（法42②，令80の２)。低額取得の場合も同様である。

■損金算入額

⑴　返還不要が確定している場合

①　補助目的の固定資産の取得，改良に要した金額
②　交付を受けた国庫補助金等の額

→ いずれか少ない金額（圧縮限度額）

⑵　返還不要が確定していない場合

国庫補助金等の交付を受けた事業年度末までに返還不要が確定しないときは，交付を受けた国庫補助金等の額に相当する金額以下の金額を確定した決算で特別勘定として経理したときは，損金の額に算入する（法43①)。この特別勘定経理後の事業年度で，国庫補助金等の全部または一部の返還不要が確定した場合は，その確定額に相当する特別勘定を取り崩すとともに，次の算式で計算した金額を限度として圧縮記帳できる（法44①，令82)。

$$\text{返還不要が確定した日の取得または改良した固定資産の帳簿価額} \times \frac{\text{その返還を要しないこととなった国庫補助金等の額}}{\text{当該固定資産の取得または改良のために要した金額}} = \text{圧縮限度額}$$

《設例９－２》

国庫補助金600万円の交付を受け，交付目的の機械装置を900万円で取得したが，事業年度末までに国庫補助金の返還の要否が確定していない場合の特別勘定の繰入れは次のようになる。なお，耐用年数10年，定率法の償却率0.206，６か月分の償却とする。

（借）	現　　　金	6,000,000	（貸）	受　贈　益	6,000,000
	機械装置	9,000,000		現　　　金	9,000,000
	圧縮特別勘定繰入	6,000,000		圧縮特別勘定	6,000,000
	減価償却費	927,000		機械装置	927,000

※減価償却費 $= 9{,}000{,}000 \times 0.206 \times \frac{6}{12} = 927{,}000$

翌期事業年度初めに国庫補助金の返還不要が確定した場合は，次のようになる。

（借）	圧縮特別勘定	6,000,000	（貸）	圧縮特別勘定取崩益	6,000,000
	圧　縮　損	5,382,000		機械装置	5,382,000

※目的資産の帳簿価額　$9{,}000{,}000 - 927{,}000 = 8{,}073{,}000$

圧縮限度額　$8{,}073{,}000 \times \frac{6{,}000{,}000}{9{,}000{,}000} = 5{,}382{,}000$

11．引当金の繰入額の損金算入（法52）

（１）引当金の総括的考察

法人税法は，損金に算入する販売費，一般管理費その他の費用は，償却費を除き，原則として当該事業年度終了の日までに債務の確定しているものに限るとしている（法22③二カッコ書き）。これはいわゆる**債務確定主義**である。

したがって，債務の未確定な引当金は，法人税法上，原則として認められない。しかし，企業会計において適正な期間損益計算に必要なものとして一般に認められる引当金については，「別段の定め」をもって，繰入れを認めているのである。

より具体的な引当金を容認する条件として，

① 企業が利益の有無にかかわらず，その引当金を計上するという会計慣行が確立していること
② その繰入率について客観的かつ合理的な経験値が存在すること
③ 当期の収益に対応する費用が翌期以降に支出されることが確実であること
④ その引当額が相対的に大きいため，企業経営に相当程度影響すること

という4点をあげて，引当金を認めるとしている（政府税制調査会「長期税制のあり方についての答申」昭46.8）。

このような条件に適合する引当金として，次の6項目を限定列挙していたが，1998（平10）年度，2002（平14）年度および2018（平30）年度の改正で大部分が廃止され，貸倒引当金のみとなった。

(イ) 貸倒引当金	(ロ) 返品調整引当金	(ハ) 賞与引当金
(ニ) 退職給与引当金	(ホ) 特別修繕引当金	(ヘ) 製品保証等引当金

今まで述べてきた法人税法本法上の引当金のほかに，租税特別措置法には準備金の規定がある。**準備金**とは，将来において確実に発生するかどうかは必ずしも明らかではないが，発生の可能性はある費用または損失であり，また，それが費用・収益の対応というよりも，むしろ特定の租税政策的見地から設けられたものである。引当金が多少なりとも公正処理基準に従おうとしているのに対して，準備金は利益留保としての性格を持つことは否定し得ない。

引当金の繰入れは，損金経理が要件であるが，準備金の積立ては，損金経理のほかに，その他利益剰余金により積み立てる方法も認められている（利益留保性が強いため，損金経理のみを認めると企業会計をゆがめるおそれがあるから）。

(2) 貸倒引当金（法52）

① 制度の概要

法人が，その有する金銭債権の貸倒れその他これに準ずる事由による損失の見込額として，損金経理により貸倒引当金勘定に繰り入れた金額については，その金額のうち繰入限度額に達するまでの金額は，損金の額に算入する。

［図表９－10］ 貸倒引当金の計算手法

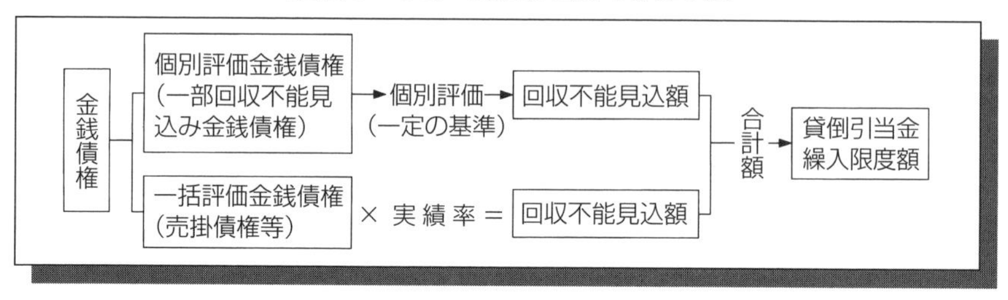

［図表９－11］ 貸倒引当金の繰入限度額計算の概要

区分	設定対象の範囲	繰入限度額の計算		
一括評価	一括評価金銭債権（売掛金・貸付金その他これらに準ずる金銭債権－個別評価金銭債権）	選択（中小法人または公益法人など）	実績繰入率	３年間における貸倒損失額の発生額の事業年度換算率
			法定繰入率	卸・小売・飲食1,000分の10，製造1,000分の8，金融・保険1,000分の3，割賦販売1,000分の7，その他1,000分の6
個別評価	個別評価金銭債権（その事業年度終了の時においてその一部につき貸倒れその他これに類する事由による損失が見込まれる金銭債権）	回収不能見込額の合計額が繰入限度 ①回収不能見込額 ＝ 対象金銭債権 － 会社更生法または民事再生法により５年間での弁済予定額 － 担保による取立見込額 ②回収不能見込額 ＝ 対象金銭債権 － 債務者の債務超過が相当期間続き，かつ事業好転の見通しがないが，担保権の実行によって回収見込みがある金額 ③回収不能見込額 ＝（対象金銭債権（会社更生法または民事再生法の規定による手続き開始の申立てがあったものに係る債権）－ 取立見込のある金額）× 50%（①および②該当を除く） ④外国の政府・中央銀行または地方公共団体に対する個別評価金銭債権額 × 50% （注）個別評価金銭債権の回収不能見込額の算定に当たっては上記以外の要件にも留意する。		

繰入限度額の計算は，期末金銭債権を個別に評価する債権とその他の一括して評価する債権（売掛債権等）とに区別し，次のイとロの合計額が繰入限度額となる（法52①・②）。

(イ)　個別評価金銭債権（一部回収不能見込み金銭債権）……その全部または一部について回収の見込みがないと認められる債権で，従前の債権償却特別勘定の繰入基準に相当する基準で回収不能見込額を計算した金額

(ロ)　一括評価金銭債権（売掛債権等）……売掛債権等の帳簿価額の合計額に前3年間の実績率を乗じて計算した金額

②　貸倒引当金制度の適用対象法人

貸倒引当金は適用法人を**図表9－12**の①～③の法人に限定して適用される（法52①・②・⑨）。したがって，適用法人以外の法人は，個別評価金銭債権に係る貸倒引当金および一括評価金銭債権に係る貸倒引当金ともに廃止された。

［図表9－12］　貸倒引当金制度の適用法人

①　中小法人等

イ　普通法人のうち，資本金の額もしくは出資金の額が1億円以下であるもの，または資本金もしくは出資金を有しないもの。ただし，大法人（資本金の額または出資金の額が5億円以上の法人）の100%子会社および相互会社を除く。

ロ　公益法人等または協同組合等

ハ　人格のない社団等

②　銀行，保険会社その他これらに準ずる法人

都市銀行，地方銀行，信託銀行，生命保険会社，損害保険会社のほか，これらに準ずる法人として，銀行持株会社，保険持株会社，民間サービサーなどがある。

③　リース債権および一定の金銭債権を有する一定の法人

ファイナンス・リース取引にかかるリース債権および金融に関する取引に係る金銭債権を有する法人として一定の内国法人（上記①および②に該当する法人を除く）。ただし，貸倒引当金の設定対象となる金銭債権を一定の金銭債権に限定している（令96⑨）。

具体的には，リース会社，証券会社，クレジットカード会社，信販会社，消費者金融など。

12. 繰越欠損金の損金算入（法57～59）

この項目は，第13章で欠損金の繰越し・繰戻しとして述べるので，制度の趣旨についてのみ，説明しておく。

これまで何度も述べたように，課税所得の金額は，当該事業年度の益金の額から当該事業年度の損金の額を控除して算出される（法22①）。この場合，所得計算は各事業年度ごとに独立して行われることを原則としており，前期から繰り越してきた利益または損失を当該年度の益金の額や損金の額に算入できないと考えてよい。いわゆる事業年度独立の原則（単年度主義）が存在するのである。

前年度からの繰越利益を当該年度の益金の額としないのは，すでに課税済みであり，二重課税となるのを防止するためとも考えられるが，ある年度に生じた欠損金額をその年度以降の利益の生じた年度の所得と相殺（損金の額に算入する）できるのは，いかなる理由によるのか。それは，一言でいえば，全体所得計算による期間所得計算の確認ということになるであろう。

つまり，法人の設立から消滅までの全体所得を課税所得とすべきであるが，現実は，国の財政年度の関係から事業年度を1年と定めて，期間所得を計算し，利益であれば納税するが，損失であれば納税しないこととなっている。このように事業年度を定めた場合，各期間の所得を合計して，全体として利益が出ているのか，また逆に損失が生じているのかを確認するのが正しい方法である。しかし，この方法は不可能であり，利益の発生した年度に課税が行われることによって全体所得計算の立場からは，取り返しのつかない資本維持を阻害することにもなりかねないのである。このような見地から，ある特定年度の税負担が過重になるのを回避しながら，法人のゴーイング・コンサーンを維持しようというところに，欠損金の繰越制度があるのである。

ただし，この規定は，欠損金額が生じた事業年度において青色申告書を提出しており，かつ，その事業年度から損金算入事業年度まで継続して確定申告書を提出している場合に限り適用される（法57①・⑩）。この場合の欠損金額は，その法人について生じたものに限られるから，被合併法人の有する繰越欠損金については，被合併法人の青色申告事業年度において生じた欠損金でも，損金に算入することはできない。

第10章

収益・費用の帰属年度の特例と政令委任

1. 収益・費用の帰属年度に関する「別段の定め」

法人税法上，益金の額や損金の額がどの事業年度に帰属するかについては，具体的な明文の規定はない。しかし，法は権利確定主義を採用し，債権確定主義で収益の額を，債務確定主義で費用の額を計上することで企業会計上の収益（実現主義）および費用（発生主義）と原則的に一致していることは，すでに述べた（**第7章**参照）。

法人税法では，資産の販売・譲渡等の場合，一般に「引渡し」があった日の属する事業年度の益金の額に算入される。すなわち，法（とりわけ民法）は所有権が移転し，同時履行の抗弁権が消滅したときをもって，代金債権が確定すると考えるのであり，それは「引渡し」という販売行為によって成立するのである。その収受すべき対価が法的に確定する日，すなわち「引渡し」の日をもって収益の実現があったものとする（実現主義）のである。

（1）収益の認識時期の規定（法22の2）

①　創設の背景

かかる観点は従来収益計上の原則として取り扱われていたが，平成30年度税制改正により，益金の額の規定である法人税法第22条第2項の別段の定めとして，第22条の2（以下「法22の2」という）が新設された。この背景には，IFRS15

号「収益認識」等の国際的な会計基準の統一の影響を受けて創設された，わが国における企業会計基準第29号（以下，「収益認識会計基準」という）がある。

法22の2は，別段の定めとして新設されたのであるが，その内容としては，法人税法上それまで通達等で措置され慣行となっていたもの（引渡基準）や，裁判の結果として生じた考え方などが成文化されたという性格を持つ。すなわち，収益認識会計基準の創設を端緒として新設されたものの，その内容としては，法人税法上独自の取扱いを規定したものであり，収益認識会計基準の内容に即したものではないということを表している。

つまり，法人税法には公正処理基準があるため，収益認識会計基準をそのまま受け入れるのであれば，法22の2を新設せずとも良かったものを，敢えて新設したということになる。これは，法22の2の創設に合わせて，公正処理基準の規定である法人税法第22条第4項に，「別段の定めを除き」と規定されたことにも表れている。裏を返せば，「当該事業年度の」という文言を持つ第22条第2項だけでなく，同条第4項も，平成30年度税制改正以前までは法人税法の収益認識基準として働いていたという証左となろう。

収益認識会計基準では，その収益認識の段階として**図表10－1**の5つのステップを置いており，法22の2においても，基本的な考え方は踏襲されている。しかしながら，資産の販売等に係る収益の額について第22条第4項と法22の2の双方が適用されると，割賦基準や延払基準のように，これらの規定が互いに抵触する場合に優先関係が不明確となるおそれがあることから，優先関係を明確にするために第22条第4項が適用されないこととされた（財務省『平成30年度　税制改正の解説』273頁）。

［図表10－1］　収益認識会計基準における５つのステップの概要

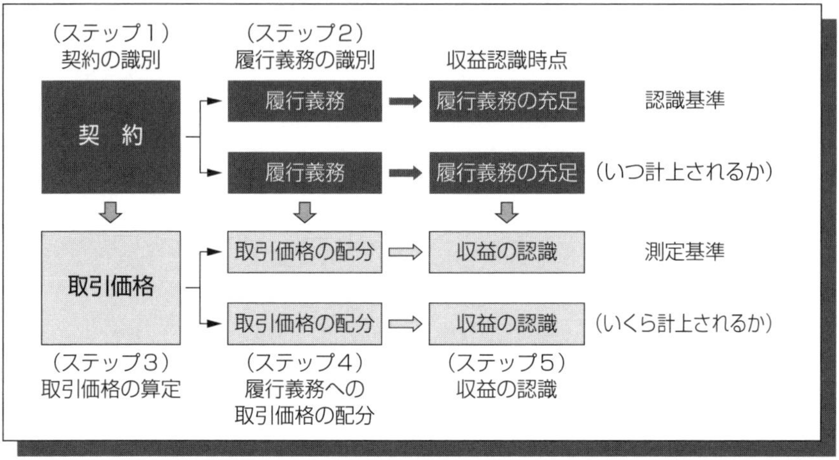

（ステップ１）
契約の識別
（ステップ２）
履行義務の識別
収益認識時点

契　約 → 履行義務 ➡ 履行義務の充足　認識基準
契　約 → 履行義務 ➡ 履行義務の充足　（いつ計上されるか）

取引価格 → 取引価格の配分 ⇨ 収益の認識　測定基準
取引価格 → 取引価格の配分 ⇨ 収益の認識　（いくら計上されるか）

（ステップ３）
取引価格の算定
（ステップ４）
履行義務への
取引価格の配分
（ステップ５）
収益の認識

出典：企業会計基準適用指針第30号　収益認識に関する会計基準の適用指針の設例を元に筆者作成。

②　法22の２における収益認識の適用範囲と各項の解説

まず，法22の２第１項には，「内国法人の資産の販売若しくは譲渡又は役務の提供（以下この条において「資産の販売等」という。）に係る収益の額は，別段の定め（前条第４項を除く。）があるものを除き，その資産の販売等に係る目的物の引渡し又は役務の提供の日の属する事業年度の所得の金額の計算上，益金の額に算入する」とされ，原則として引渡しの時が収益認識の時期であり，またその対象は有償取引のみであることを規定している。それは，後述する同条第４項の「益金の額に算入する金額は……通常得べき対価の額」という文言にも表れている。

上記の引渡基準とは，収益認識会計基準における「履行義務の充足」の時点（自己の支配する経済価値の流出時）であると同時に，「顧客が当該資産に対する支配を獲得した時点」でもある。したがって，「履行義務の充足」だけを双務契約をもって考えた場合，特に売主債務の履行（給付債務の履行）と買主債権の消失（給付結果）のみを意識すればよいから，同時履行の抗弁権の喪失時の意義は，収益認識において劣後することになる。

さらに，割賦販売についても，売主等の給付債務の履行だけに着目すれば，その履行義務の充足は一時点で認識され得るが，他方で，買主の賦払債務の弁済期を考慮する必要があり，そのために同時履行の抗弁権の喪失時に着目する必要があったと考えられる。しかし，収益認識会計基準に見られるように，資産等に対する支配を顧客に移転することで，売主等の履行義務が充足される時に収益が認識されるため，企業会計原則上の回収期限到来基準や回収基準はその認識の基礎を失った。その結果，平成30年度税制改正後は，法人税法においても，延払基準による収益計上は認められないこととなった。

なお，「引渡し」の時の判定は，継続適用を前提として，①出荷基準，②船積日基準，③着荷基準，④検収基準，⑤使用収益開始基準によって行われることが想定されている（改正法基通２－１－２）。

続けて，法22の２第２項は，「確定した決算において収益として経理した場合」という，益金経理要件ともいうべきものが初めて採用されていること，および，「一般に公正妥当と認められる会計処理の基準に従って当該資産の販売等に係る契約の効力が生ずる日その他の前項に規定する日に近接する日」を，Aその他のBの読み方に従って解釈すると，公正処理基準における資産の販売等の契約効力発生日は１項の益金算入時期に包含されていると解釈可能であることから，本項における「別段の定め（前条第四項を除く。）」の対象は，公正処理基準を22条の２の別段の定めと定義付けた上で，第22条第４項以外の収益認識に関する条文（収益認識会計基準でその対象となっていない会計基準に関する別段の定め）がその対象になるということである。なお，この場合の「近接する日」とは，「仕切清算書到達日」，「検針日」等である（改正法基通２－１－３・２－１－４等）。

次に，法22の２第３項は，法22の２第２項で示された益金経理は決算調整（確定決算主義による拘束を受ける調整）だけでなく，申告調整でも認める（ただし，繰り戻し計上のみ認める）ということである（**図表10－２**参照）。

［図表10－２］　法22条の２第１項から第３項の処理および「近接する日」の考え方

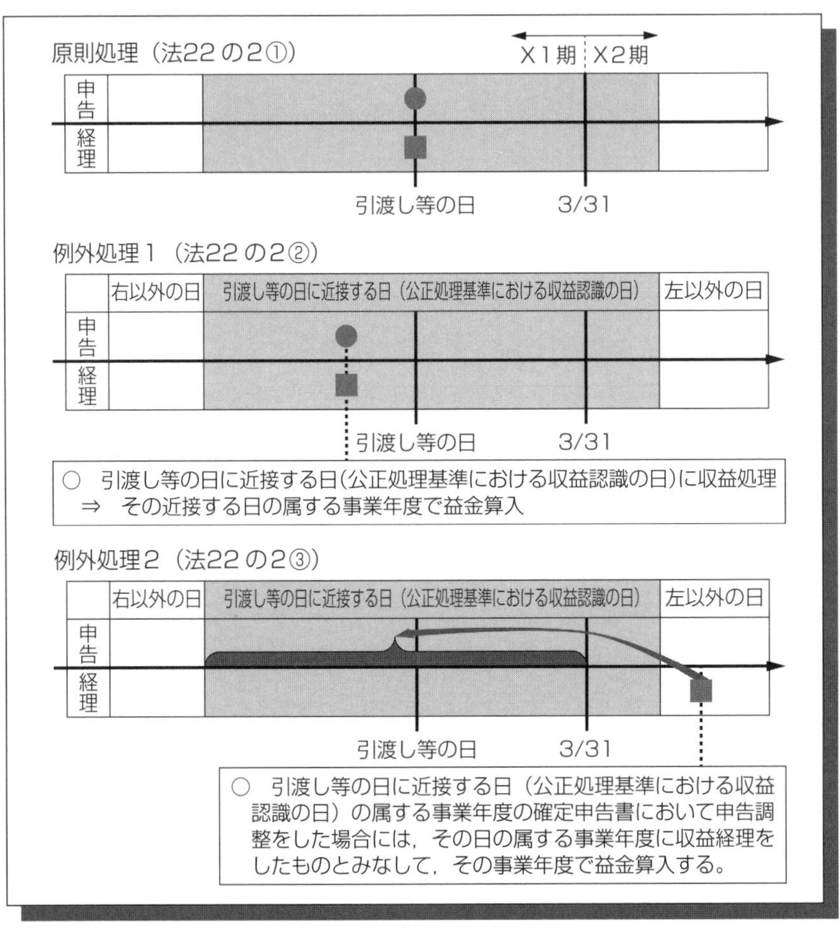

出典：国税庁平成30年度法人税法関係法令改正の概要「収益認識に関する会計基準に対応する改正」を一部改変。

続いて，法22の２第４項は，収益認識会計基準の測定方法である，前掲**図表10－１**のステップ３と４に対応するものといえる。これらは，収益計上時の価格を決定づけるものであり，収益認識会計基準では，「取引価格」で収益を認識することになっている。また，収益認識基準会計基準での「取引価格」とは，財又はサービスと交換に企業が権利を得ると見込んでいる対価の額（債務の確定に伴う債権の確定）を指しているであったが，法人税法ではそれを「資産の販売等につき第三者間で取引されたとした場合に通常付される価額」（法基通２－１－１の10）とし，本項では「通常得べき対価の額」と表現している。

さらに，法22の２第５項は，収益認識会計基準におけるステップ３「変動対価又は現金以外の対価の存在を考慮し，金利相当分の影響及び顧客に支払われる対価について調整を行い，取引価格を算定する」に対応するため，評価性引当金における純額表示の廃止（貸倒引当金と返品調整引当金に影響）と収益の総額主義の明示を宣明したものといえる。それを受けて，返品調整引当金は，返金負債の見積もりをせず返品された実額に基づいた引当金として，返品分を収益に見込まないのであれば，返品による損失も引き当てる必要がないという結論に至り，返品調整引当金は廃止されることになった。一方で，貸倒引当金については，引き続き別段の定め（法52，法令96）に基づき計上される。

なお，法22の２第６項は，金銭以外で行われる現物配当等には，第22条第５項によって資本等取引とされて課税の対象外とされる取引と，資産の譲渡とされて課税される取引が混在するいわゆる混合取引が生じることを，前項までの改正を契機に明文化されたものである。

最後に，法22の２第７項は，法22の２第１項から第５項までの規定の適用を政令（法令18の２）に委任する規定である。具体例としては，公正処理基準に従った変動対価の額の変動に基づく修正の経理をする場合に，引渡し等の事業年度後の事業年度の確定した決算において修正の経理をしたことを前提として，法22の２第４項の範囲内の額において修正することが考えられる。なお，遡って修正することを認めているわけではないことには注意が必要である。

他にも，改正法基通２－１－１（収益の計上の単位の通則）等の新しい改正通達において，収益認識会計基準の内容の適用範囲について，事細かに説明されている。基本的には，資産の販売等の一般的基準として，資産の販売等に係る収益の額は，原則として個々の契約ごとに計上することを次の４点をもって明らかにしている。

① 取引は契約という司法上の法律行為に基づくものであることが一般的であること
② 実際には多くの取引において契約単位と履行義務が一致すると考えられること
③ 従来，企業会計においては原則として契約について履行義務の識別を行っていないこと
④ 収益認識会計基準において代替的な取扱いが設けられていること

他方で，法基通２－１－１⑴および⑵では，収益認識会計基準の取扱いを法人税法上も認めるための配慮を行っている点には留意したい。例えば，長期大規模工事（法64）等の場合を除き，改正前の取扱いが維持される法基通２－１－１の２と，収益認識会計基準の取扱いを示す法基通２－１－１⑵について法人の選択適用を認めていること等は配慮の表れといえよう。

③ 法22条の２第１項における役務提供に係る収益の範囲

役務提供に係る収益とは請負契約（民法632条）に基づく収益とされる。請負契約とは，当事者の一方がある仕事を完成することを約し，相手方がその仕事の結果に対して報酬を支払うことを約する契約をいう。改正後民法では，請負契約による注文者の利益は可分であると明文化され（民法634条），また，請負契約自体も，工事請負契約等の「成果物の引渡しを要するもの」と，保守や運送業務，清掃業務等の「成果物の引渡しを要しない役務提供のみのもの」に分類される。

原則的な基準として，請負契約による収益は，役務の提供があった日の属する事業年度の益金に算入される（法22の２①）。具体的には，物の引渡しを要する請負契約にあっては，その目的物の全部を完成して相手方に引き渡した日の属する事業年度の益金の額に算入し，また，物の引渡しを要しない請負契約にあっては，その役務のすべてを完了した日の属する事業年度の益金の額に算入するものとされている（法基通２－１－21の７）。

また，建設工事等（建設，造船その他これらに類する工事，ソフトウェアの開発，製作。以下，本章において同じ）の請負の場合，その建設工事等の引渡しの日がいつであるかの判定も，資産の販売若しくは譲渡の場合の収益認識と同様に，継続適用を前提として，①作業完了基準，②搬入基準，③検収基準，④使用収益開始基準によることが認められている。

他にも，その他当該建設工事等の種類および性質，契約の内容等に応じその引渡しの日として合理的であると認められる日をもって「引渡しがあった日」と判定することが認められている（法基通２－１－21の８）。これらを見る限り，基本的にはこれまで法人が採用していた収益認識を維持できるように取計らっていると考えられる。

ところで，建設工事等のうち，長期大規模工事（法64①）および期中に引渡しが行われない工事（法64②）の場合は別段の定めであるため以下に譲るが，その建設工事等において次の(ア)，(イ)に掲げるような事実がある場合には，その建設工事等の全部が完成しないときにおいて，その事業年度において引き渡した建設工事等の量または完成した部分に対応する工事代金の額をその事業年度の益金に算入することとなる（法基通２－１－１の４・２－１－21の７）。

(ア)　一の契約により同種の建設工事等を多量に請け負ったような場合で，その引渡量に従い工事代金を収入する旨の特約または慣習がある場合

(イ)　１個の建設工事等であっても，その建設工事等の一部が完成し，その完成した部分を引き渡した都度その割合に応じて工事代金を収入する旨の特約または慣習がある場合

これらは前掲した民法634条に対応したものであるため，法人の選択適用とはならない点には留意したい。

他にも，役務の提供に係る収益として，業種において特有の収益認識基準が事細かに通達（法基通２－１－21の８以下）により示されており，その内容としては，従前の取扱いを維持する，もしくは収益認識基準に従うことについて法人の選択適用となっている。これは，法22条の２関連通達の特徴であるといえ

よう。

（2）工事の請負に係る収益および費用の帰属事業年度の特例（法64）

①　制度の概要

1998（平10）年度法人税法改正前では，工事収益・費用の計上基準は，工事完成基準と工事進行基準の選択になっていたが，改正後は，新たに**長期大規模工事**を定義して，これに工事進行基準を適用することとなった。

長期大規模工事（工事，建設，製造（請負によるもの），ソフトウェアの開発）とは，次の要件を満たす工事をいう（法64①，令129①②）。

①　工事の着手の日からその工事に係る契約において定められている目的物の引渡しの期日までの期間が1年以上であること

②　請負の対価の額が10億円以上の工事であること

③　工事に係る契約において，請負の対価の額の2分の1以上が工事の目的物の引渡しの期日から1年を経過する日後に支払われることが定められていないものであること

［図表10－3］　工事収益・費用の計上基準（法64）

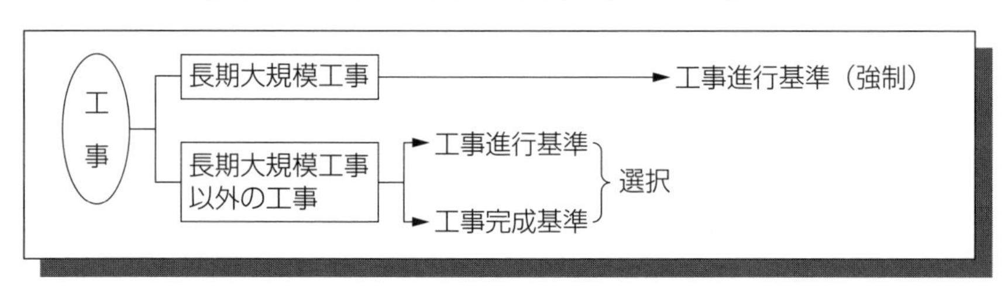

■工事進行基準の計算方法（令129）

工事請負高－予想工事原価の総額＝予想工事利益の総額

(イ)　着工年度から引渡年度の直前年度までの各年度

$$\text{当期末の現況における予想工事利益総額}\times\frac{\text{着工時から当期末までに発生した工事原価の累計額}}{\text{当期末の現況における予想工事原価の総額}}-\text{前期までに計上した工事利益の累計額}$$

＝当期に計上すべき工事利益の額

(ロ)　引渡年度

確定工事利益の総額－前期までに計上した工事利益の累計額＝当期に計上すべき工事利益の額

②　制度の内容

建設工事等を含む請負契約の基本的な収益認識の時期については本章1.(1)③にて前掲したところであり，本項における工事の請負契約も基本的には原則的な取扱い（引渡し＝法22の2①）の適用を受けることになる。したがって，工事の請負についても，「成果物の引渡しを要するもの」として，その目的物の全部が完成し，相手方に引き渡した日に収益を計上する工事完成基準が適用されることになる。

一方，工事の請負においても，収益認識基準の適用対象となる取引のうち，その履行義務が一定の期間にわたり充足されるもの（法基通2－1－21の2・2－1－21の4）は，履行義務が充足されるにつれて，それぞれの日の属する事業年度の益金の額に計上する（法基通2－1－21の5）ことになるため，従来通り，工事進行基準について適用されることについて齟齬はなく，しかも，それまで例外であった工事進行基準について例外的な取扱いとしていない。この点，物の引渡し，あるいは役務の完了を原則としていた旧基通2－1－5とは異なっている。したがって，長期大規模工事の強制的な工事進行基準適用を定める法64は，これまで原則であった工事完成基準に対する明確な別段の定めというよりも，委任先の法令129に定める長期大規模工事の各種適用要件を本法へ橋渡しするための規定と理解される。

工事進行基準は，長期工事の請負による収益の計上時期を実現の時点よりも先行（前倒し）させるものであるから，長期大規模工事以外の工事に関して，法人税法は，次のような一定の要件のもとにその適用を認めている（法64②，令129）。

■長期大規模工事以外の工事に係る工事進行基準の適用要件

① 長期工事の請負に係る契約を締結していること。
② 着工年度から引渡し年度までの各年度の確定した決算において工事進行基準の方法による経理を行うこと。
③ 工事進行基準の方法による経理を毎期継続すること。

2．政令（法人税法施行令）委任による「別段の定め」（令132～139の5）

法人税法第65条は，「各事業年度の所得の金額の計算の細目」として，「第二款から前款まで（所得の金額の計算）に定めるもののほか，各事業年度の所得の金額の計算に関し必要な事項は，政令で定める」と規定している。

法律が個々の問題の内容を政令で定めることは，当然のことであろう。ところが，この第65条は，所得の計算の細目という限定を付してはあるが，実際に政令で定められた事項（資本的支出，少額の減価償却資産，確定給付企業年金の掛金等，借地権，金銭債務の償還差損益など）をみるとき，その内容はきわめて広範囲に及び，むしろ，**一般的委任（白紙委任）**とも受け取れるのである。租税法律主義の要請からみて，本条のような相当広範囲な委任が許されるかどうか疑問が残る。

ここでは，土地使用に伴う借地権とリース取引（平成18年度までは政令委任規定だった）の2つの項目について説明する。

(1) 借地権等（令137～139）

① 借地権の設定

一般に，借地権とは，建物の所有を目的とする地上権および賃借権をいう（借地法）のであるが，法人税法では，建物のほかに構築物も含めている。例えば，物品置き場，駐車場として更地のまま使用している場合や仮店舗などの敷地として使用している場合も借地権として捉えている（基通13－1－1・13－1－5）。

［図表10－4］　借地権の設定

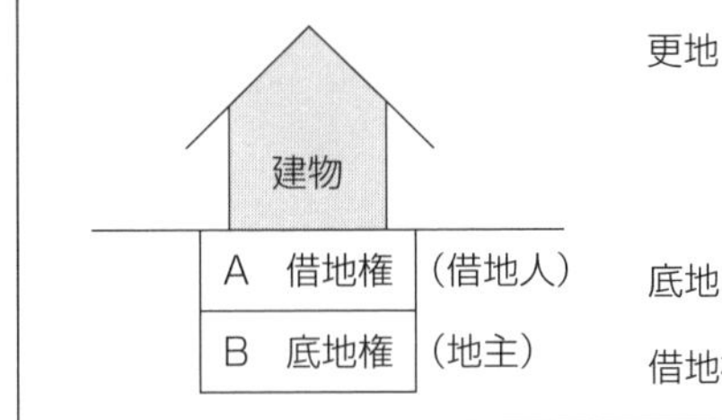

更地：土地としての物権的完全権（所有権と占有権）を完備し，自由に使用・収益・処分できる土地（すぐに建築できる状態の土地）

底地：土地所有者にとって使用権を失った土地

借地権価額＝更地価額－底地価額

借地法により借地人の法的地位が強く保護されるに至った結果，その権利が借地権として売買の対象となる反面，地主の側においては，所有地について利用制限を受け，かつ，貸地部分の価値が減少し，立ち退き要求や地価の上昇による地代の増額などが困難となった。そのため現在では，借地権設定時に権利金を収受することが慣行となっている。それは，土地の価額の相当部分を権利金として収受することにより，土地に対する利回り低下による危険負担を回避するための慣行として定着してきたのである。

法人税法では，資産の無償譲渡については時価を基準として収益が実現するとともに，その対価相当額の贈与があったものとして，無償譲受けについては時価による受贈益が実現するという扱いになっている（法22②）。この考え方は，土地の無償使用にもあてはまる。すなわち，借地権（地上権または土地の賃借権）または地役権の設定により土地を使用させる対価として通常，権利金を収受する取引上の慣行がある場合において，その権利金の収受がなかったときは権利金相当額が，または収受した権利金が過少であったときは，適正額との差額が相手方に贈与されたものとして取り扱われるのである。したがって，借地人側では，借地権の贈与を受けたことになり，これに対して課税される。このことを**権利金の認定課税**という。

《設例10－1》

適正な権利金の額800万円，実際に収受した権利金の額200万円（現金受取り）のとき，差額600万円が借地人に対する贈与となる。

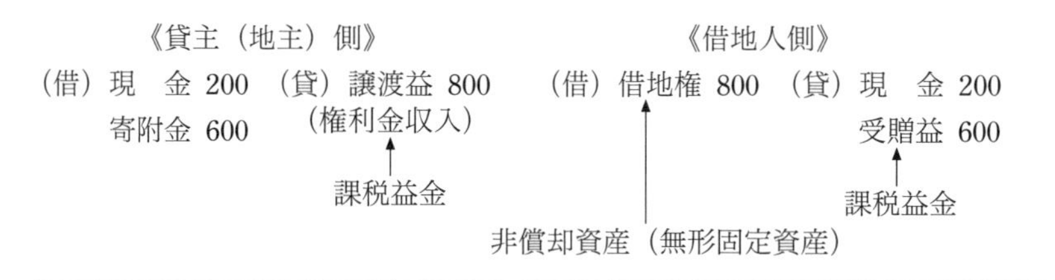

しかし，このような慣行のある場合でも，その権利金の収受に代えて，その土地の賃貸等をしたときにおける土地の価額（通常は更地価額）に照らして，**相当の地代**を収受しているときは，権利金の収受がなくても，その取引は正常な取引条件でなされたものとして，権利金の認定課税は行われない（令137）。

（注）**相当の地代**：収受する地代の額がその土地の更地価額（権利金を収受しているとき，または特別な経済的利益があるときは，これらの金額を控除した金額）に対しておおむね年８％程度のものをいう（基通13－１－２）。なお，この他に近隣類地の公示価額から合理的に算定した価額や相続税評価額(過去３年間における平均額)を基礎に算定した相当の地代でもよいことになっている（基通13－１－２，平成元.3.30・直法２－２）。

②　借地権設定に伴う土地の帳簿価額の損金算入

建物または構築物の所有を目的とする借地権等（地役権を含む）が設定された場合には，その土地の利用は著しく制限を受け，その土地の時価は下落する

(更地価額から底地価額へ)。借地権等の設定により土地の時価が著しく低下した場合には，その土地の部分的な譲渡があったものと考えて，権利金収入に対応する譲渡原価とみなして，土地の帳簿価額の一部が損金の額に算入される(令138①)。

※著しい地価の低下：次の算式による低下割合が50％（地下権，空中権の場合は25％）以上となる場合をいう。

$$\frac{\text{(A)}-\text{借地権等の設定直後の土地（底地）の時価}}{\text{借地権等の設定直前の土地（更地）の時価(A)}}=\text{低下割合}$$

※損金算入額の計算：著しい地価の低下が認められた場合には，次の算式で計算された金額が損金の額に算入される（損金経理は要求されていない)。

$$\text{借地権等の設定直前の土地の帳簿価額}\times\frac{\text{借地権等の価額}}{\text{借地権等の設定直前の土地の更地価額}}=\text{損金算入額}$$

③　更新料の支払いに伴う借地権等の帳簿価額の修正

法人が有する借地権等の存続期間が終了すれば，その存続期間を更新することになる。この更新するための更新料は，費用として処理せず，借地権等の価額に加算される。しかし，借地権等の設定時（例えば，20～30年前）の借地権等の価額を現在の借地権等の価額に対応するよう帳簿価額を付け替えなければならない。そこで，次の算式により計算した金額を更新事業年度の損金の額に算入する（令139)。

$$\text{更新直前の借地権等の帳簿価額}\times\frac{\text{更新料の額}}{\text{更新時の借地権等の価額（時価）}}=\text{損金算入額}$$

したがって，更新料支払い後の借地権等の帳簿価額（貸借対照表価額）は，次のようである。

(更新直前の借地権等の価額 ＋ 更新料の額) － 損金算入額 ＝ 付すべき価額

更新の際の更新料の支払いは，新たな借地権の取得ではなく，更新にあたっての借地権等の価額が上昇したことに対応する追加払いと考えられるから，これを従来の借地権等価額に加算するとともに，その帳簿価額のうちその加算された額に対応する部分の金額を帳簿価額から控除して，すなわち減価が生じたものとして損金の額に算入しようというものである。

(2) リース取引 (法64の2)

① リースの仕組みと問題点

リース (lease) とは，法形式上は賃貸借である (民法601)。しかし，賃貸借といわずリースというときは，特に，経済的な意味が込められている。

リースとは，リース業者（レッサー）が物件の利用を希望するユーザー（レッシー）のために，ユーザーがサプライヤー（通常，売り主）との間で交渉決定した物件を，ユーザーに代わって購入し，ユーザーとの間で締結した「リース契約」に基づいて，この物件をユーザーに使用収益させ，ユーザーがリース期間に支払うリース料をもって物件の購入代金を回収しようとするものである。

［図表10－5］ リースの仕組み

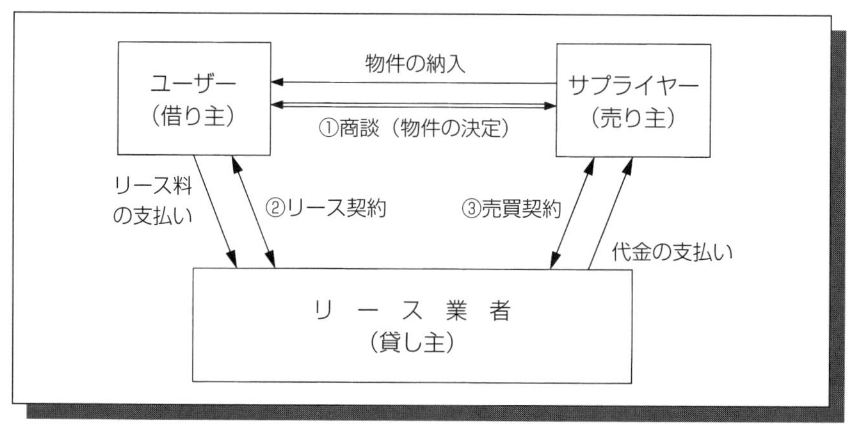

リース取引を法形式上の「リース契約」に従って，一般の賃貸借とすると，リース料をリース業者では収益に，ユーザー側では費用に計上できる。しかし，

法形式にとらわれすぎると，リース取引といわれるものに，単に金融取引をしているにすぎないもの（ファイナンス・リース）やリース料を異常に高くしたり，リース期間を短く（長い場合もあるが，これはレバレッジド・リースといわれる）するなどして課税上有利にする（租税回避）傾向が生じるし，過去において頻発した（簡単にいえば，リース料の名目で早期償却を行う）。

そこで，こういった課税上の弊害を防止するために，「個々のリース取引の経済的実質に応じてこれを売買取引等として取扱うこととし，その処理の統一を図る」（昭53リース通達「趣旨」）ために，昭和53年7月20日付けで「リース取引に係る法人税及び所得税の取扱いについて」（昭53.7.20・直法2－19）と題する通達（平成10年12月で廃止，基本通達に移行）が出されたのである。

②　税法上のリース取引

以上述べたように，これまでリース取引は，通達で取り扱われてきたが，1998（平10）年の法人税法改正で政令に明記されることとなった。しかし，リース会計基準と税制の一体的解決を図るため，2007（平19）年度の改正で，所有権の移転しないファイナンス・リース取引についても，売買取引とみなすこととなった（法64の2①）。

リース料の支払いは原則として，損金処理（賃借料）できるが，資産の賃貸借契約で次の要件を満たすものは，税法上のリース取引となり，売買取引や金融取引として取り扱われる可能性がある（法64の2③，令131の2②）。

①　当該賃貸借に係る契約が，賃貸借期間の中途においてその解除することができないもの，またはこれに準ずるもの（原則としてリース料合計額の90％以上を解約金として支払う場合）であること ⟶中途解約禁止

②　当該賃貸借に係る賃借人が当該賃貸借に係る資産からもたらされる経済的利益を実質的に享受することができ，かつ，当該資産の使用に伴って生じる費用を実質的に負担（原則として費用の90％以上の負担）すべきこととされているものであること ⟶フルペイアウト

このようにして，法形式上の賃貸借契約から「税法上のリース取引」に該当するものを選び出し，さらに経済的実質に応じて，以下のように，それぞれに適合した取扱いを定めている。

［図表10－6］　税法上のリース取引の処理方法

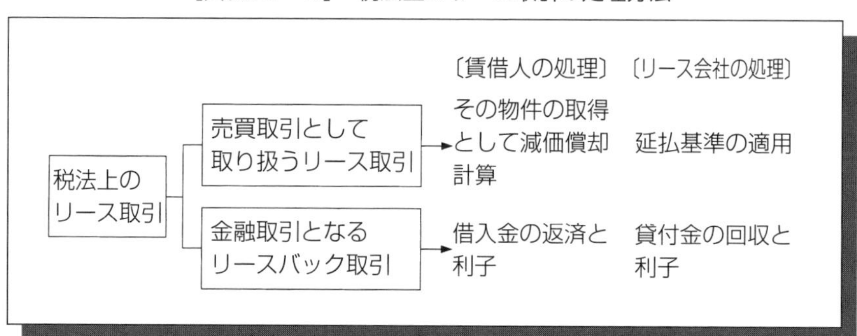

③　**売買として取り扱うリース取引**

税法上のリース取引で，次の①～④のいずれかに該当するもの，またはこれに準じるものであるときは，経済的実質が延払いと考えられるので，物件の引渡し時に**売買**が行われたものとして取り扱われる（売り手側の売買損益，買い手側の減価償却額の計算）（法令48の２⑤五）。

①　リース期間終了の時またはリース期間の中途において，リース資産が無償または名目的な対価の額で当該賃借人に譲渡されるものであること。

②　当該賃借人に対して，リース期間終了の時またはリース期間の中途においてリース資産を著しく有利な価額で買い取る権利が与えられているものであること。

（注）「著しく有利な価額」とは，賃借人における未償却残高と取得価額の５％とのいずれか多い金額を下回る場合とされている（基通７－６の２－２）。

③　リース資産の種類，用途，設備の状況等に照らし，リース資産が，その使用可能期間中，当該賃借人のみによって使用されると見込まれるものであること，またはリース資産の識別が困難であると認められるものである

こと。

④　リース期間がリース資産の法定耐用年数に比して相当短く，かつ，そのリース取引に係る賃借人の法人税の負担を著しく軽減することになると認められるもの。

(注)「相当短い」とは，リース資産の耐用年数の70％（耐用年数が10年以上の場合は60％）を下回る場合と解されている（基通７－６の２－７）。

(a)　賃借人（ユーザー）の処理

リース取引が税法上，売買として取り扱われると，リース物件を賃借人の資産としてみなされた処理が要求される。すなわち，リース期間中のリース料の総額（事業の用に供するために賃借人が支出する付随費用を含む）を取得原価として償却限度額の計算を行う（基通７－６の２－９）。その際，賃借人が支払うべきリース料を賃借料などとして損金経理している場合は，当該リース料の額は，減価償却資産の「償却費として損金経理した金額」（法31①）に含まれるものとして取り扱われる（法令131の２③）。したがって，その物件の償却限度額を超える当期のリース料は償却超過額となり，申告調整が必要となる。

$$\text{リース期間のリース料の総額} \times \frac{\text{当期中のリース期間の月数}}{\text{リース期間の月数}} = \text{償却限度額}$$

当期のリース料の額（「償却費として損金経理した金額」）－償却限度額＝償却超過額

(注)　リース契約書等において，そのリース物件のリース会社における取得価額が明らかにされている場合は，このリース会社の取得価額を賃借人の取得価額とすることができる（基通７－６の２－９）。

(b)　リース会社の処理

リース取引が税法上，売買として取り扱われると，リース会社では，延払条件付譲渡の適用ができる。この場合，リース期間中に収受すべきリース料の合計額を延払条件付譲渡の対価として取り扱うとしている（法令124④）。

④　金融取引となるリースバック取引

リースバックとは，正式には，セール・アンド・リースバックといい，法人が所有していた中古資産をいったんリース会社に譲渡しておいて（セール），ただちにリース会社からそれを賃借する（リースバック）といった迂回したリース取引をいう。

このリースバック取引は，経済的実質に基づいて観察すれば，賃借人の対象となる物件の使用関係は従来と変わるところはなく，したがって，法人が所有していた中古資産を担保として融資を受けることと類似している。そこで法人税法もこの点に注目して，「その一連の取引が取引当事者の意図，取引物件の内容等からみて実質的に金融取引と認められるときは，当初からその譲渡がなかったものとして取扱う」（法64の２②，基通12の５－２－１）としている。

したがって，中古資産のリースバック取引が，金融取引と認められたときは，リース会社への資産の譲渡代金が借入金（リース会社側では貸付金）として取り扱われることになる。また，リースバックした資産に対して支払われるリース料は借入金の分割返済額と利息の支払い（リース会社側では貸付金の返済と利息の収入）として処理されることになる（基通12の５－２－２・５－２－３）。

［図表10－７］　金融取引となるリース

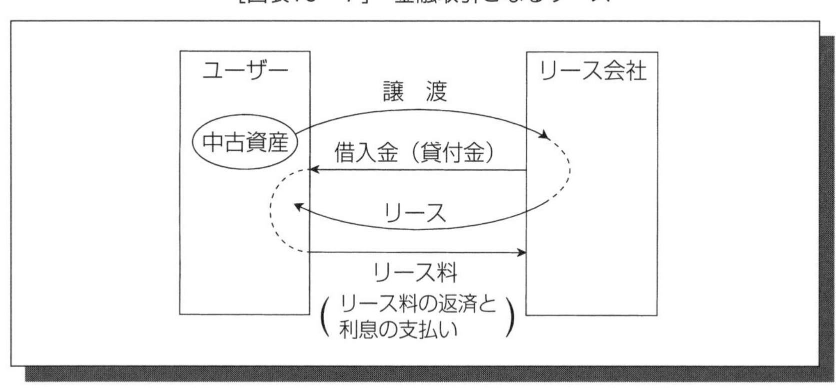

第11章

資本等取引の計算

1．課税所得の計算と資本等取引

法人税は，所得に課税することを目的とする以上，資本に課税することは予定していない。そこで，法人税法では，「別段の定め」があるものを除いて，資本等取引以外の取引に係る収益の額を益金の額に，同様に，損失の額を損金の額に算入することとなっている（法22②・③）。これは，企業会計が損益取引と資本取引を定義して利益や資本を計算するのとは異なり，法人税法は，益金および損金の額に算入されない取引として資本等取引を規定している。つまり，課税所得の計算から除外される資本等取引を明確にし，それ以外は，「別段の定め」があるものを除いて，一切を課税所得計算に取り込もうという基本思考が窺えるのである。

法人税法上の資本等取引とは，「法人の資本金等の額の増加又は減少を生ずる取引並びに法人が行う利益又は剰余金の分配及び残余財産の分配又は引渡しをいう」（法22⑤）とされる。この場合の「資本金等の額」とは，「法人が株主等から出資を受けた金額として政令で定める金額をいう」（法2十六）と定められており，この場合の「政令で定める金額」とは，「法人の資本金の額又は出資金の額」と，前事業年度までの資本金の額以外の資本金等の額の増減額および当該事業年度の資本金の額以外の資本金等の額の増減額とを合計した金額とされている（令8）。

＊資本金の額以外の資本金等の額の増減額とは，政令上では，「第1号から第12号

までに掲げる金額の合計から第13号から第22号までに掲げる金額の合計額を減算した金額」と定めている（令８①）（**図表11－３参照**）。

［図表11－１］　資本等取引

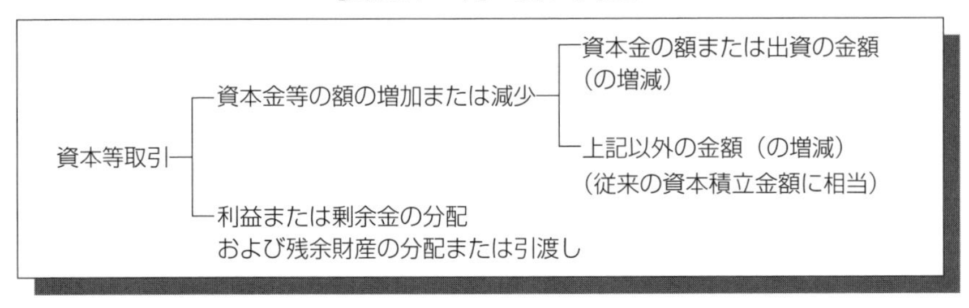

［図表11－２］　法人税法上のB/S（純資産の部）

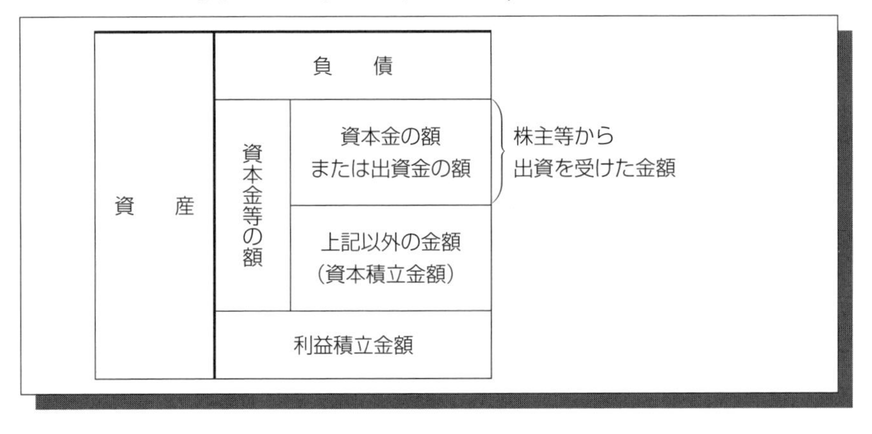

2．資本金等の額

（1）資本金の額

法人税法は，資本金という概念を会社法から借用している。よって，「資本金の額」とは，株式会社の法定資本金額を意味し，「出資金の額」は合名会社，合資会社，協同組合等の出資金を意味する。

会社法では，それまでの商法が採用していた発行価額という概念ではなく，払込額または給付額を基準として資本金や資本準備金の額が決定されることになった（会法445）。したがって，法人税法においても，設立時における資本金等の額が，払込を受けた金銭の額および給付を受けた金銭以外の資産の価額を基準に算定される方法に変更された（令8①一）。

（2）資本金の額以外の資本金等の額

平成18年改正前の旧法人税法では，資本等の金額は資本の金額（または出資金額）と資本積立金額の合計額のことであった（旧法2十七）。よって，現行法では，資本等の金額が「資本金等の額」へ，資本の金額が「資本金の額」へ変更となったので，資本積立金額が標記の「資本金の額以外の資本金等の額」へと変わったと考えてよい。つまり，現法人税法は，法人の「資本金の額」（または出資金の額）をベースに，そこから加算・減算される増減項目が規定される方式が採用されており（令8），資本積立金額という用語はなくなったが，根本的な規定の内容は変わっていないからである。

（3）資本金等の額

「資本金等の額」の増減は，資本取引として所得計算から除外される。この「資本金等の額」とは，株主から出資を受けた金額であるから，「資本金の額」をベースに，資本金等の額の増加 ＝ 増加項目と資本金等の額の減少 ＝ 減少項目とが加算・減算されて計算された金額である。

[図表11－3]　資本金等の額

資本金等の額＝資本金の額＋資本金の額以外の資本金等の額
＝資本金の額＋(資本金等の額の増加項目－資本金等の額の減少項目)

政令の「第1号から第12号までに掲げる金額の合計から第13号から第22号までに掲げる金額の合計額を減算した金額」

資本金等の金額 ＝ 資本金または出資金の額 ＋ (

①株式の発行価額または自己株の譲渡対価の額のうち資本金に計上しなかった金額
①の二　役務の提供の対価として自己の株式を交付した場合の既に終了した事業年度において受けた役務の提供に係る部分の金額のうち資本金に計上しなかった金額
②新株予約権の行使による払込金額のうち資本金に計上しなかった金額
③自己株の交付をした取得条項付新株予約権の帳簿価額のうち資本金に計上しなかった金額
④協同組合等の加入金
⑤合併差益金
⑥分割型分割の受入剰余金
⑦分社型分割の受入剰余金
⑧適格現物出資の受入剰余金
⑨非適格現物出資の受入剰余金
⑩株式交換等による完全子会社株式の受入超過額
⑪株式移転による完全子会社株式の受入超過額

－

⑬準備金または剰余金の資本組入額
⑭資本または出資を有しないこととなったときの直前の資本金等の額（資本金の額または出資金の額を除く）
⑮分割法人の分割型分割の直前の資本金等の額に分割法人の分割型分割の日の属する事業年度の前事業年度終了の時の資産の帳簿価額－負債の帳簿価額を減算した金額のうちの分割法人の分割型分割の直前の移転資産の帳簿価額から移転負債の帳簿価額を控除した金額の占める割合を乗じて計算した金額
⑯現物分配法人の適格株式分配の直前の当該適格株式分配によりその株主等に交付した完全子法人株式の帳簿価額に相当する金額
⑰現物分配法人の適格株式分配に該当しない株式分配の直前の資本金等の額に当該株式分割を分割型分割とみなした場合における前事業年度の終了の時の資産の帳簿価額－負債の帳簿価額のうちに占める当該現物分配法人の当該株式分配の直前の当該株式分配に係る完全子法人株式の帳簿価額に相当する金額の占め

⑫減資による資本金または出資金の減少額

る割合を乗じて計算した金額
⑱資本の払戻し等による減資資本金額
⑲出資等減少分配に係る分配資本金額
⑳自己株式の取得等における取得資本金額
㉑自己株式の取得対価の額
㉒みなし配当事由により完全支配関係のある法人から金銭その他の資産の交付を受けた場合等の配当等とみなされる金額および有価証券の譲渡対価とされる金額の合計額－その金銭その他の資産の価額の合計額

3．利益または剰余金の分配

企業会計では資本取引というのに対して，法人税法では資本等取引と「等」の文字が付いている。この理由は，資本取引に資本金等の額の増減取引以外に，「利益又は剰余金の分配」が含まれるからである（平成22年度改正で，「残余財産の分配又は引渡し」も含まれる）。

また，「利益の配当又は剰余金の分配」ではなく，「利益又は剰余金の分配」というように利益の分配となっている点であるが，これは必ずしも利益処分という形式を重要視するのではなく，実質的な分配であるか否かで資本等取引の判断を行うというものであるといわれている。例えば，法人が寄附金を損金経理せずに，利益処分の形式で経理した場合であっても，資本等取引としては扱われず，損金不算入となる（法37①）。また逆に，利益処分という形式によらないでも，株主等に対してその出資者たる地位に基づいて供与した一切の経済的利益は資本等取引に含まれる（基通1－5－4）。

［図表11－4］ 利益または剰余金の分配

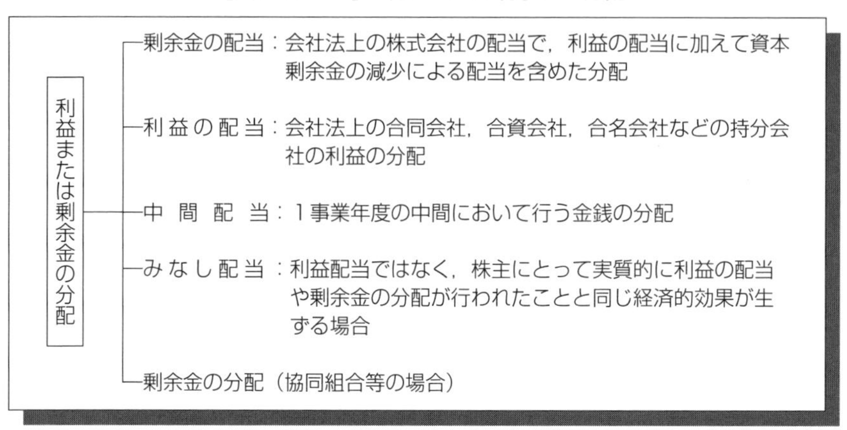

利益の分配（配当）を資本等取引と規定しているのは，支払配当を損金の額に算入しない旨を明白にしているにすぎない。

会社法では株主に対する利益の配当，資本の払戻し等は「剰余金の配当」として一本化されたが，税法では剰余金の配当原資の区分に応じ，配当と資本の払戻しに区分される（法23・24）。

［図表11－5］ 剰余金の配当に係る税法上の取扱い

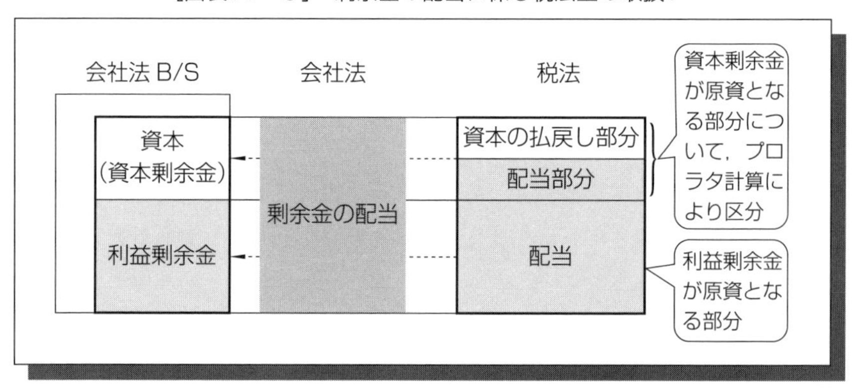

出所：財務省資料より。

4．利益積立金額

（1）利益積立金額と利益剰余金

利益積立金額は，基本的には，法人の利益留保額，すなわち各事業年度の所得等の金額のうち留保しているものの累計額であり，企業会計上の利益剰余金に相当するものであり，一般には，利益準備金，任意積立金および繰越利益を共通の構成項目とするといえる。しかし，税務上の「別段の定め」により，企業会計上費用処理された金額でも，税務上損金の額に算入されないもの等があり，これら損金不算入額が，ここでいう利益積立金額として扱われることになり，税務と企業会計では両者の金額が異なることになる。

例えば，減価償却超過額や引当金の繰入超過額などの税務否認金がある場合，他の要素がないとすれば，その否認相当額分だけ利益積立金額が利益剰余金より多くなる。逆に，その他利益剰余金による圧縮記帳または特別償却の経理を行った場合あるいは各種準備金を積み立てた場合には，その分だけ利益積立金額が利益剰余金より少なくなる。

企業会計上の利益剰余金は，

純資産額 －(法定資本金の額 ＋ 資本剰余金の額)＝ 利益剰余金

で，法人税法上の利益積立金は，

純資産額 － 資本金等の額 ＝ 利益積立金額

で算定され，形式的には変わるところはない。要は，純資産額の範囲の違いに集約できるであろう。

［図表11－6］　減価償却超過額等がある場合の税務貸借対照表

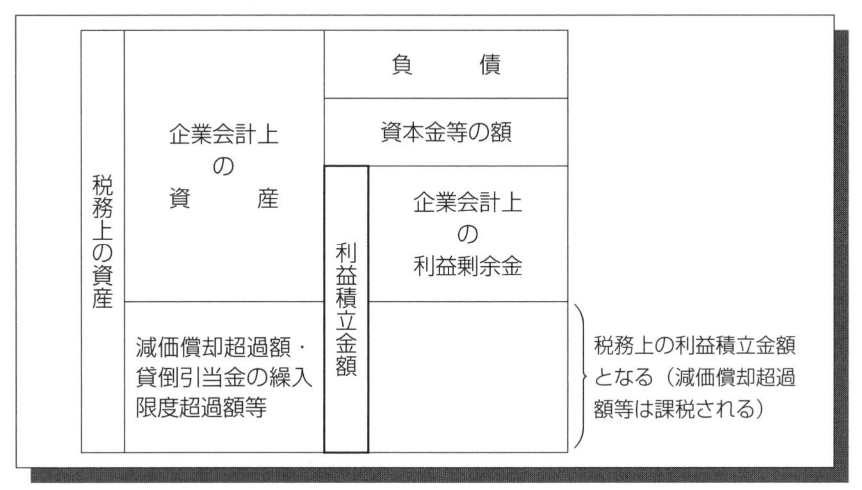

（2）利益積立金額の内容

法人税法は利益積立金額について,「法人の所得の金額で留保している金額として政令で定める金額をいう」（法2十八）と規定している。利益積立金額は法人の内部留保金額であることを明らかにしたうえで，具体的計算を政令に委任している。政令は，利益積立金額の金額は過去事業年度の利益積立金額の財源＝加算項目から利益積立金額の減算項目を減算した金額に，当期の事業年度の財源項目を加算し，これから当期の減算項目を減算して計算した金額としている（令9①一）。

［図表11－7］　利益積立金額の内容

①所得金額のうちから留保している金額

＝（イ．所得の金額
ロ．受取配当（外国子会社からを含む）の益金不算入額
ハ．完全支配関係法人間での受贈益の益金不算入額
ニ．還付金の益金不算入額
ホ．繰越欠損金の損金不算入額）

－（ヘ．欠損金額
ト．法人税額ならびに道府県民税・市町村民税として納付すべき金額
チ．完全支配関係がある法人間の取引においての譲渡損益調整資産の取得価額に算入しない金額－譲渡損益調整資産の取得価額に算入する金額）

②適格合併による受入利益積立金額
③適格分割型分割による受入利益積立金額
④適格現物分配により現物分配法人より交付を受けた資産の適格分割直前の帳簿価額
⑤資本または出資を有しないこととなった時の直前の資本金等の額

－（①剰余金または利益の配当
②非適格の分割型分割による超過交付金額
③資本の払戻し等による減少資本金額超過払戻金額
④自己株式の取得のための取得資本金額超過交付金額
⑤適格分割型分割により分割承継法人に引き継ぐ利益積立金額）

＝ 利益積立金額

（3）利益積立金額の特質

法人は株主の集合体であるという法人擬制説の考え方に沿うと，法人段階で課税される法人税は個人所得税の前払いであると理解される。つまり，法人税法に従って算出された留保金額である利益積立金額は，法人税の課税を受けた後の所得（課税済み所得）であるが，それが個人（株主）に未分配の状態で法人内部に留保されているにすぎない。したがって，利益積立金額を分配した場合（社外流出）には個人段階での所得課税（配当課税）が，また，利益積立金額を資本金等の額に振り替える処理が生じた場合（会社法はこれを禁止したが，平成21年の改正で認めるに至っている）には「**みなし配当課税**」が行われるのは，

まさしく，かかる法人本質観である法人擬制説によるものと解される。

結局，利益積立金額の範囲を明確に定め，毎期算定する意義は，次のように要約できる。

① 課税済みの積立金を明らかにすることによって，次期以降の課税所得に影響する部分を認識すること。例えば，減価償却超過額・引当金超過額等の税務否認金は，貸借対照表に表示されないが，次期以降の所得計算に影響を与える。

② 利益積立金額の資本組入れにあたり「みなし配当」として扱われる基礎金額を明確にしておく必要がある（所法25）。

③ 合併差益金のうち，被合併法人の利益積立金額から成る部分の金額は，すでに被合併法人において課税済みであるから，合併法人の益金の額に算入しない（旧法27）。

④ 特定同族会社の特別税率の適用上，課税留保金額の計算要素として利益積立金額が用いられている（法67⑤）。

このように，利益積立金額の税務上の特質は，一言でいって，法人税の課税済み所得の留保額であるといえるだろう。したがって，利益積立金額の範囲を明確にし，その金額を毎期計算させる理由は，所得を不当に内部留保することによって，課税の軽減を図ろうとする意図を防止しようというものであると考えられる。法人税法上の利益積立金額は，企業会計上の利益剰余金や会社法上の利益準備金とは異なった税負担の軽減を防止するという理由から設けられていることがわかるのである。

第Ⅲ部

税額計算と申告

第12章

青色申告制度

1．制度の趣旨

現在，わが国では，納税者自身で申告し納税を行うという申告納税制度を採用している。この制度を育成するために，1950（昭25）年のシャウプ勧告に基づき「青色申告制度」が設けられた。青色申告とは，文字どおり，青色の申告書により申告を行うことで，青色のもつ「明朗，ガラス張り」といったイメージで選ばれたといわれている。

シャウプ勧告当時の申告納税制度の状況は，法人側に正確な帳簿の記載がなく，課税当局においても，推計によって課税するという状況であった。そこで，シャウプ勧告は，法人側の協力を推進するため帳簿の記載を組織的に育成し，これによって納税者側と課税当局が相互に話し合う基盤をつくることを勧告したのであった。この青色申告に対応するのが「白色申告」といわれるものである。

青色申告の承認を受けた法人（青色申告法人）は，組織的な帳簿を備え，複式簿記の原則に従って，整然と，かつ，明瞭に記帳し，所定の手続きによって決算を行い，正当な所得計算を行うことになっている（規53）。さらに，青色申告法人には，白色申告に比べ，種々の税務上の特典（優遇措置）を与えることで，帳簿記録に裏付けされた申告納税制度の普及と記帳能力の育成を意図したのである。

2．青色申告の特典

青色申告制度は，法人税法上の義務としてではなく，法人が税務署長の承認を受けることによって青色の納税申告書を提出することが認められ(法121)，その後の制度奨励の効果の期待として，次のような課税上有利な種々の特典が与えられるのである。

① 帳簿の記載内容を尊重した特典

㈠ 帳簿書類の調査に基づく更正の保障（法130①）

㈡ 更正通知書への理由付記（法130②）

㈢ 推計課税の禁止（法131）

② 帳簿の記録を前提とした特典

㈠ 欠損金の繰越し控除（法57）

㈡ 欠損金の繰戻し還付（法80）

㈢ 各種準備金の積立て（措法55～58・61の２）

㈣ 各種特別償却（措法42の６①～52の３）

㈤ 試験研究を行った場合の法人税額の特別控除その他の法人税額の特別控除（措法42の４～42の12の７）

3．申請・承認（却下）・取消し

(1) 申　請

青色申告法人となるためには，所轄税務署長の承認を受けることが必要である。青色申告の承認の申請は，次のようである。

① **原則**：青色申告書を提出しようとする事業年度開始の日の前日までに，承認申請書を納税地の所轄税務署長に提出しなければならない（法122①）。

② **例外**：設立第１期の法人にあっては，設立から３か月を経過した日とその事業年度終了の日とのうちいずれか早い日の前日までとする（法122②）。

（2）承認（却下）

税務署長は，青色申告の承認申請書の提出があった場合には，申請法人に対し，書面で承認または却下の処分の通知をする（法124）。その事業年度終了日までに承認または却下の処分の通知がなかった場合は，青色申告の承認があったものとみなされる（法125）。

（3）取 消 し

青色申告の承認は，法人の誠実な記帳義務の履行を信頼して賦与されているので，承認を受けた法人であっても，法人の誠実性と帳簿の信頼性とに欠けるような事態が生じたときには，税務署長はその事実のあった事業年度に遡って青色申告の承認を取り消すことができる（法127①）。

具体的には，次に示す1つに該当する事実がある場合には，取り消すことができ，そして，実際に取消しがあった場合には，それ以後は白色申告とみなされ，青色申告の特典はなくなる（法127①一～四）。

①　帳簿書類の不備（備付け，記録，保存が法人税法施行規則に従って行われていない）

②　帳簿書類の指示違反（帳簿書類の整備について税務署長の必要な指示に従わない）

③　取引の隠ぺいまたは仮装（帳簿書類が真実でない場合）

④　確定申告書の期限後提出（確定申告書を期限内に提出しなかった）

4．備え付ける帳簿書類－青色申告法人の義務－

青色申告の承認を受けた法人は，財務省令（法人税法施行規則）で定めるところにより，

①　帳簿書類を備え付けること（仕訳帳，総勘定元帳など）

②　帳簿に取引を記録すること（複式簿記の原則に従い，整然と，かつ，明瞭に）

③　当該帳簿等を保存すること（7年間の保存）

の3点を充足しなければならない（法126，規53・54・55・59）。

また，決算においては，たな卸表，貸借対照表および損益計算書を作成しなければならない（規56・57）。

参考までに，法人税法施行規則第53条において，青色申告法人は，「資産，負債及び資本に影響を及ぼす一切の取引につき，複式簿記の原則に従い，整然と，かつ，明りょうに記録し，その記録に基づいて決算を行なわなければならない。」と規定していることと，たな卸表の作成を義務づけている（規56）ことからして，決算は誘導法に基づいて行われるものと考えてよいだろう。

［図表12－1］　青色申告法人の決算

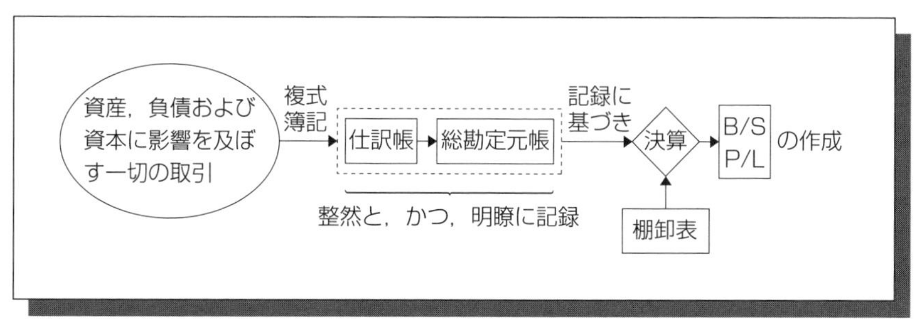

第13章

欠損金の繰越し・繰戻し

1．欠損金の繰越し

法人の所得は，事業年度に区切って計算するのを原則としている。前事業年度以前に生じた損失金を当事業年度に繰り越して損金算入するということは，通常は，あり得ない。企業会計における当期利益の計算に前期以前の繰越損失が係わってこないのと同様である。

しかし，法人税法は，青色申告年度に生じた欠損金については，**欠損金の繰越しと繰戻し**を認めている。これは，後に述べるように，事業年度間の税負担の公平と事業年度を通じた法人間の不公平の是正という趣旨からである。

（1）青色申告事業年度の欠損金の繰越し

確定申告書を提出する法人の各事業年度開始前10年以内に開始した青色申告書提出事業年度において生じた欠損金は，当該事業年度の所得金額の計算上，損金の額に算入することができる（ただし，すでに前事業年度までに損金算入された欠損金額や欠損金の繰戻し還付の適用を受けた額は除く）（法57①）。この場合，損金算入額は，欠損金控除前の当該事業年度の所得金額の50％相当額を限度とする（法57①ただし書き）。

また，この欠損金の繰越し制度の適用を受けるためには，①欠損金の生じた事業年度について青色申告書である確定申告書を税務署長に提出し，かつ②その後において，連続して確定申告書を提出している場合に限られる（法57⑩）。

ただし，この青色欠損金の繰越控除制度については，その欠損金が生じた事業年度の帳簿書類の保存が適用要件となる（法57⑩）。

① **欠損金の繰越しの順序**：2以上の事業年度において欠損金が生じているときは，最も古い事業年度において生じた欠損金から順次損金に算入することになっている（基通12－1－1）。

② **欠損金の繰越しと繰戻しの関係**：欠損金を繰り越して，次期以降に繰越控除を受けるか，またはその欠損金を前期に繰り戻して，繰戻し還付を受けるかの選択は，法人の任意とされている。

［図表13－1］　欠損金の繰越控除制度

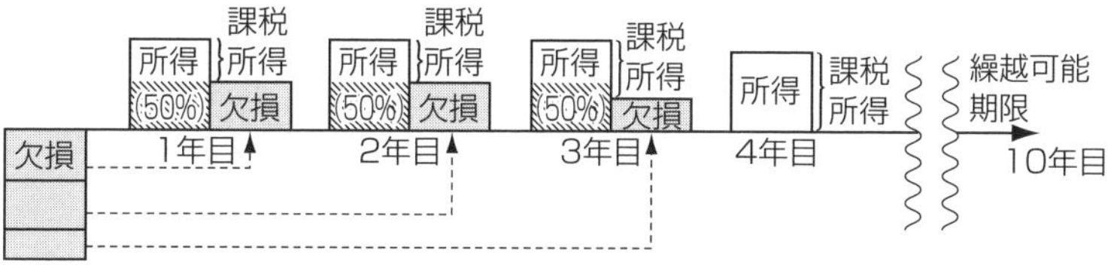

出所：財務省資料。

		平成26年度まで	平成27年度	平成28年度	平成29年度	平成30年度以降
大　法　人	控除限度	80%	65%	60%	55%	50%
	繰越期間	9年	9年	9年	9年	10年
中小法人等	控除限度	100%	100%	100%	100%	100%
	繰越期間	9年	9年	9年	9年	10年

（注1）　中小法人等とは次の法人をいう（法57⑪）。

① 普通法人のうち，資本金の額もしくは出資金の額が1億円以下であるもの，または資本金もしくは出資金を有しないもの。ただし，大法人（資本金の額または出資金の額が5億円以上の法人）の100%子会社，相互会社および大通算法人を除く。

② 公益法人等または協同組合等

③ 人格のない社団等

［図表13－２］　繰越欠損金の損金算入の概要

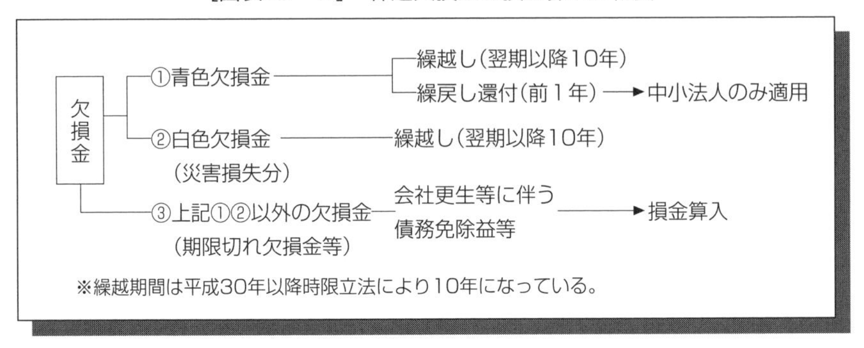

（２）青色申告書を提出しなかった事業年度の災害による損失金の繰越し

青色申告事業年度に生じた欠損金でなくても，**災害による損失金**については，その特殊事情を考慮して，各事業年度開始の日前10年以内に開始した事業年度において生じた欠損金額のうち，棚卸資産，固定資産または特定の繰延資産について生じた災害による損失金額は，その事業年度の所得の金額の計算上，損金の額に算入される（法58①）。

ここでいう災害とは，次のとおりである（令115）。

①　冷害，雪害，干害，落雷，噴火その他の自然現象の異変による災害

②　鉱害，火薬類の爆発その他の人為による異常な災害

③　害虫，害獣その他の生物による異常な災害

災害による損失金の繰越控除は，災害損失発生年度において，その損失額の計算に関する明細書を記載した確定申告書を提出し，かつ，その後において連続して確定申告書を提出していることが必要である（法58③）。

（3）会社更生等による債務免除等があった場合の欠損金の損金算入

企業の業績悪化（債務支払不能や債務超過など）に伴い，会社更生法等による更生手続開始の決定，破産法の規定による破産手続開始の決定，民事再生法の規定による再生手続開始の決定等といった事実が生じた場合（令117の３）において，役員・株主から金銭その他の資産の贈与を受けたり（私財提供による受贈益），債権者から債務の免除を受けたり（債務免除益）したときは（これらの行為を「**資産整理に伴う私財提供等**」という），資本等取引以外の無償による資産の譲受けに該当し，原則的には，益金の額となって課税されることになる。これでは役員，株主，債権者などの企業再建への協力・目的が阻害されてしまう。

そこで，法人税法は，かかる私財提供等を受けた日の属する事業年度前の事業年度において生じた欠損金のうち，私財提供による受贈益・債務免除益の額に達するまでの金額は，その事業年度の損金の額に算入することにしている（法59①・③）。

2．欠損金の繰戻し

法人の当期の業績が悪く，所得金額の計算上も欠損金を計上することになる場合，この欠損金の処理方法として，２つが考えられる。１つは，すでに述べた方法で，当期に計上した欠損金を次期以降の事業年度で控除するために，繰り越していく欠損金の繰越し控除であり，もう１つは，これから述べる欠損金の繰戻し還付の制度である。

法人が青色申告書である確定申告書を提出する事業年度に欠損金が生じた場合（欠損事業年度），この欠損事業年度開始の前１年以内に開始したいずれかの事業年度（還付所得事業年度）の法人税額について，還付を請求することができる。還付金を求める算式は次のとおりである（法80①）。

$$還付金額 = 還付所得事業年度の法人税額 \times \frac{欠損事業年度の欠損金額}{還付所得事業年度の所得金額}$$

※ただし，分子の金額は分母の金額を上限とする。

この欠損金の繰戻し還付は，①還付所得事業年度から欠損事業年度まで連続して青色申告書を提出し，かつ，②欠損事業年度の期限内欠損確定申告書と繰戻還付請求書を提出したときに限って認められる（法80③・⑤）。

［図表13－3］　欠損金の繰越しと繰戻しの関係

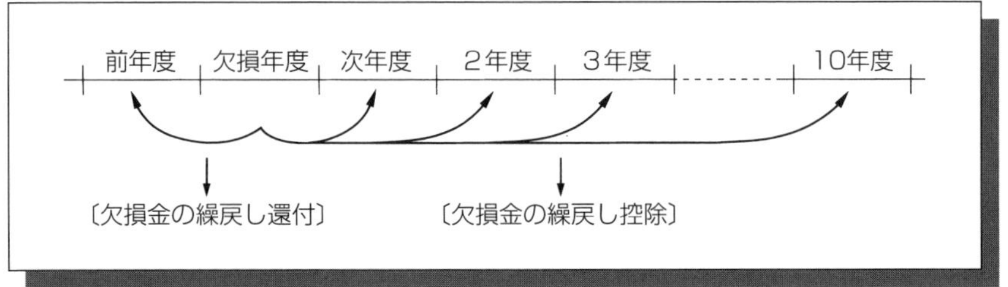

3．所得計算上の意義

欠損金の繰越し・繰戻し制度は，いずれも個々の事業年度を別個のものと考えずに，法人が経営活動を行う全体の期間の一部と考えて，相互に損益の通算を認めようとするものである。すなわち，企業会計上の概念である全体計算と期間計算に相当する所得計算体系を考えることとなる。

議論をわかりやすくするために計算例を示すことにする（図表13－4参照）。

この計算例では，所得が毎年度一定の法人（以下，所得一定型法人という）と所得が変動する法人，とりわけ欠損金を出した法人（以下，所得変動型法人という）との２つの法人における５か年間における税負担が比較してある。

第１に，所得変動型法人では，法人税が各事業年度ごとに所得金額を計算し，これに基づいて課税されるため，税負担が全体計算による場合の250（500×

50%）よりも，期間計算による場合の方が270となり過重となっている。これは期間計算によって欠損金（第２事業年度の△40）が生じたことに起因する。よって，期間計算は全体計算によって税負担が適正であるかどうかの確認がなされることになり，また，これがないと法人の資本維持が阻害されることになってしまう。

したがって，欠損金の繰越し・繰戻し制度は，全体計算によって期間計算による所得を確認することによって（税負担を各年度合計の270ではなく，全体所得の500 × 50% ＝ 250に合わせる），特定年度の税負担が過重になることを防止し，資本維持を行い，もって各事業年度間の税負担の公平を図る機能を有しているのである。

［図表13－４］　全体計算と期間計算

	年度	1	2	3	4	5	計
所得一定型法人	所得	100	100	100	100	100	500
	税額	50	50	50	50	50	250
所得変動型法人	所得	100	△40	120	180	140	500
	税額	50	−	60	90	70	270

（注）　税率は50%と仮定した。

第２に，これが最も重要であるが，欠損金の繰越し・繰戻し制度は，法人間の全体計算に基づく税負担の公平を維持しようとしているのである。つまり，５か年間を通算した場合の２つの法人の所得は，共に500で同額であるにもかかわらず，事業年度独立の原則でもって税額を計算する限り，所得変動型法人が所得一定型法人に比して，20（270 − 250 ＝ 20）だけ負担増となっている。これも欠損金が生じたことに起因している。

このように，欠損金の繰越し・繰戻し制度は，期間計算による収益力の差による税負担の格差を全体計算の視点で公平負担問題として是正しようというものであるといえる。

第14章

税額の計算

1．法人税率

所得金額が求められたなら，それに税率を適用して税額を求めることになる。この税率として，現在，基本税率のほかに，中小法人（資本金の額が１億円以下の法人）の所得800万円以下の部分に係る軽減税率と公益法人等および協同組合等に係る軽減税率とが適用されている（中小法人等の平成24年４月１日から令和７年３月31日までの間に開始する事業年度の税率は19.0％から15.0％に引き下げられている。詳細は**第３章**をみよ）（図表14－１参照）。

中小法人所得800万円以下の部分に係る軽減税率は，中小企業対策としての政策的配慮から設定されたものである。しかし，軽減税率と基本税率との格差は，現在も依然として大きく，このまま放置しておいてよいのか，格差を縮小すべきかについて検討を要するところである。つまり，法人擬制説に基づいた統合論の立場に立つ限り，株主の源泉課税である法人税の税率には，累進税率は基本的になじまないものであるし，かといって，同じ事業を法人形態と個人形態で行う場合の税負担のバランスも考慮する必要があるからである。

また同様のことは，公益法人等および協同組合等の軽減税率と基本税率との格差が大きい点についてもいえる。とりわけ，これらの法人の営む収益事業は，一般の法人と競合しており，税率が低い故に有利であったり，公益法人等にあっては，収益事業部門から公益事業部門に支出された寄附金の損金算入額の特例があるなど，一定の政策的配慮からといわれているが，かえって課税の公平を欠く事態となっている。

［図表14－1］　法人税率の推移

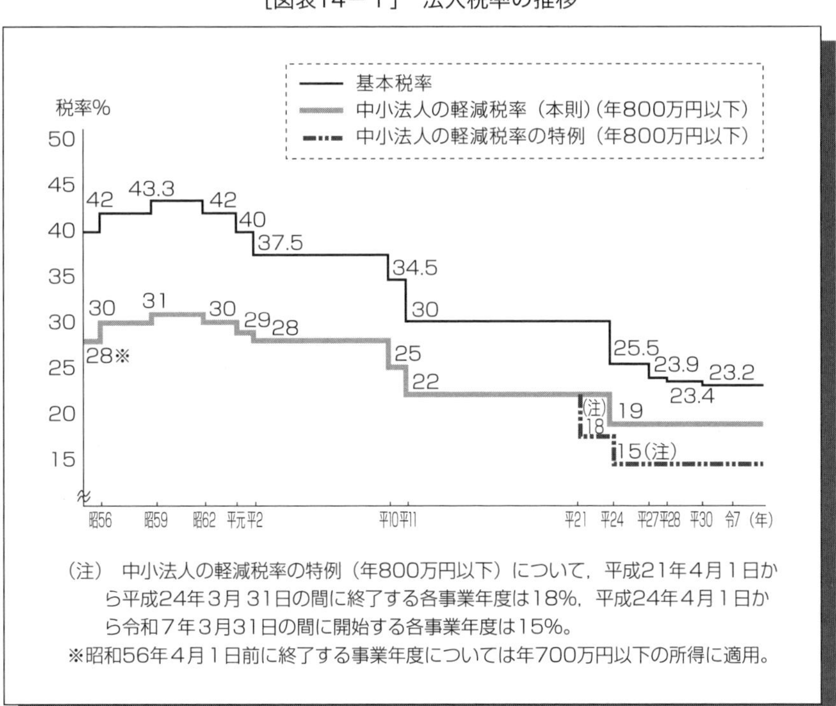

（注）　中小法人の軽減税率の特例（年800万円以下）について，平成21年4月1日から平成24年3月31日の間に終了する各事業年度は18%，平成24年4月1日から令和7年3月31日の間に開始する各事業年度は15%。

※昭和56年4月1日前に終了する事業年度については年700万円以下の所得に適用。

ところが，1998（平10）年度と1999（平11）年度の法人税法改正においては，1996年政府税制調査会「法人課税小委員会」での「課税ベースを拡大しつつ税率を引き下げる」という基本スタンスのもとで，アメリカ並の税率に合わせる形の引下げ［37.5%→34.5%→30.0%］が行われたにすぎなかった。

しかし，ここにきて「新成長戦略」（平成22年6月18日閣議決定）を受け，デフレから脱却し，日本経済を本格的成長軌道に乗せていくため，国内企業の国際競争力強化と雇用の拡大を喫緊の政策課題としたさらなる税率の引下げ［30.0%→25.5%］が，平成23年度改正により行われた。

さらに，安倍政権は，「課税ベースを拡大しつつ税率を引き下げる」との考え方の下，成長志向の法人税改革を推進するに至った。そのため，収益力拡大に向けた投資や継続的な賃上げが可能な体質に転換できるように，平成24年度から平成30年度までに実効税率を７％超引き下げて，今度はドイツ並の水準を実現することを目標に税率を〔25.5％→23.9％→23.4％→23.2％〕に引き下げた。

２．税額計算の基本的仕組み

法人が確定申告において納付すべき法人税額の基本的な仕組みは，次のようなプロセスになる（図表14－２参照）。

① 課税標準となる所得金額に税率を乗じて法人税額を求める。

② その金額から政策的配慮である「試験研究を行った場合の特別控除」「投資税額控除」といった法人税額の特別控除を行い差引法人税額を求める。

③ この金額に「特定同族会社の特別税額」および「使途秘匿金の特別税額」を加算して法人税額計を求める。

④ さらにこの金額から「仮装経理に基づく過大申告の更正に伴う控除法人税額」および「所得税額及び外国税額」を控除することで差引所得に対する法人税額を計算する。

⑤ これは当期の１年分の納付すべき金額を表すので，すでに中間で納付した「中間申告分の法人税額」を差し引いて差引確定法人税額（納付すべき法人税額）が計算されて，この金額を確定申告で実際に納付する。

［図表14－2］　税額計算のプロセス

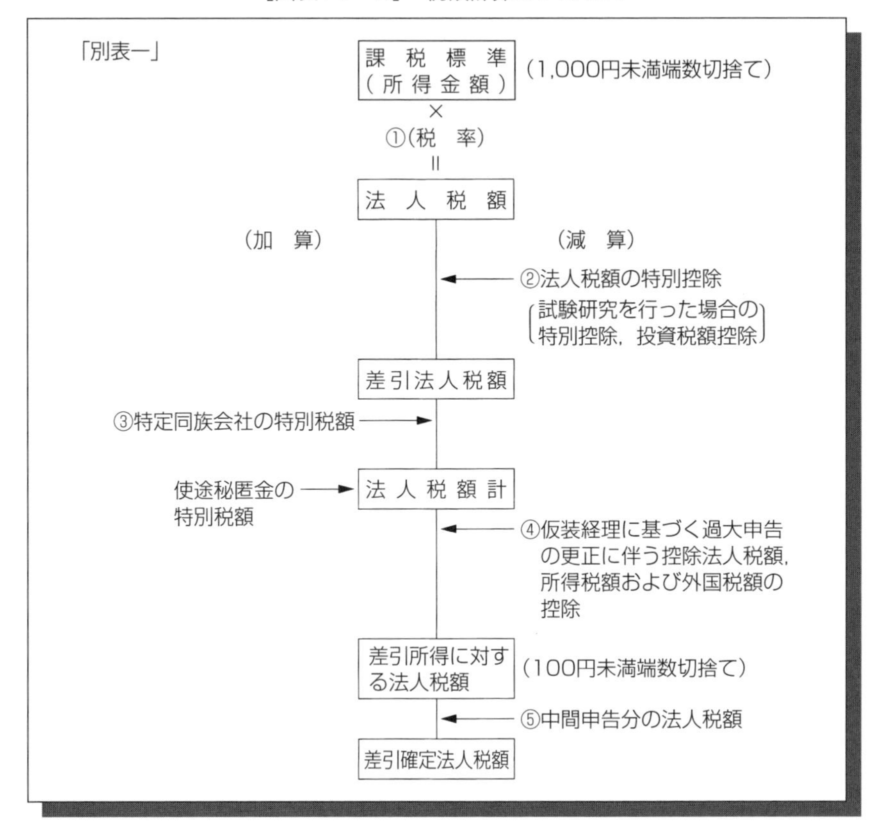

3．法人税額の特別控除

法人税額の特別控除には，「試験研究を行った場合の法人税額の特別税額控除」と「投資税額控除」である「中小企業者等が特定経営力向上設備等を取得した場合の特別償却又は法人税額の特別控除」「給与等の支給額が増加した場合の法人税額の特別控除」などの租税特別措置法上の特別控除がある。

（1）試験研究を行った場合の法人税額の特別税額控除（措法42の4）

資源を持たないわが国が国際競争力を維持するには，新技術の開発力の強化，優秀な頭脳開発が不可欠であるとして，そのため民間企業の試験研究活動を助成する目的で1967（昭42）年の税制改正で創設された産業政策税制である。

この場合の試験研究費とは，製品の製造または技術の改良，考案もしくは発明に係る試験研究のために要する費用および対価を得て提供する新たな役務の開発に係る試験研究として政令で定める試験研究のために要する費用をいう（措法42の4⑲）。具体的には，試験研究のために要する原材料費，専任研究員の人件費および経費，他人に委託して試験研究を行う場合の委託研究費などをいう（措令27の4⑤・⑦）。

試験研究費が増額した場合等の法人税額の特別税額控除は，次のように区分される特別措置から成っている。

①　試験研究費の総額に係る特別税額控除（措法42の4①・②・③）

②　オープンイノベーション型試験研究費の税額控除（措法42の4⑦）

③　中小企業者等の試験研究費の支出がある場合（措法42の4④・⑤・⑥）

①　試験研究費の総額に係る特別税額控除（一般型）

青色申告書を提出する法人の各事業年度において，損金の額に算入される試験研究費の額がある場合には，その事業年度の所得に対する法人税額から，試験研究費の額に控除率を乗じて計算した金額を控除することができる。ただし，当期の法人税額に一定の割合を乗じた金額（控除上限額）を限度とする（措法42の4①）。

(a)　控除率（措法42の4②）

	試験研究費割合	増減試験研究費割合	控除率
イ	10%以下	12%超	11.5%＋{(増減試験研究費割合－12%)×0.375} (上限14%)
ロ		12%以下 (ハの場合を除く)	11.5%－{(12%－増減試験研究費割合)×0.25} (下限1%)
ハ		設立事業年度または比較研究費の額が0の場合	8.5%
ニ	10%超		(イ,ロまたはハの割合) ＋(イ,ロまたはハの割合)×控除割増率(上限14%) 控除割増率(上限10%)＝(試験研究費割合－10%)×0.5

$$増減試験研究費割合 = \frac{当期の試験研究費の額 - 比較試験研究費の額}{比較試験研究費の額}$$

比較試験研究費の額 ＝ 当期以前の3年以内に開始した事業年度の試験研究費の額の平均額

(b)　控除上限額

控除上限額は当期の法人税額に25%を乗じた金額を原則とするが，以下の区分に応じて一定の割合が加算あるいは減算される（措法42の4③二）。

また，研究開発を行う一定のベンチャー企業に対してはこのほかに15%が加算される（措法42の4③一）。

$$試験研究費割合 = \frac{適用を受ける事業年度の試験研究費の額}{当期を含む4年間の平均売上金額}$$

	試験研究費割合	増減試験研究費割合	控除上限の加算・減算割合
イ*		4％超	加算：(増減試験研究費割合－4％)×0.625 (上限5％)
ロ		△4％未満	減算：(|増減試験研究費割合|－4％)×0.625 (上限5％)
ハ*	10％超		加算：(試験研究費割合－10％)×2 (上限10％)

*イとハのいずれにも該当する場合は，いずれか高い割合。

［図表14－3］　試験研究費に係る控除上限額のイメージ

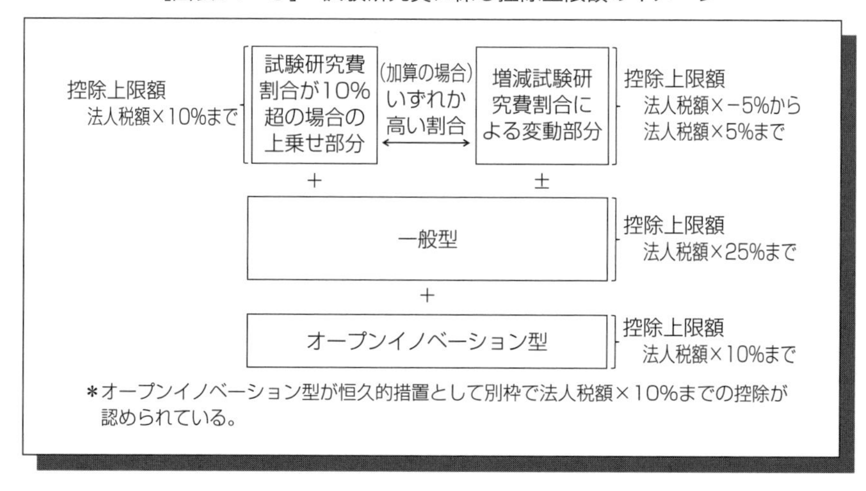

②　オープンイノベーション型試験研究費（特別試験研究費）の税額控除

オープンイノベーション型とは，研究開発税制の制度の1つで，企業が共同試験研究，委託試験研究を行った場合など，その共同試験研究，委託試験研究に要した費用等に一定の控除率（20％または30％）を乗じた額を法人税から控除できる制度である（措法42の4⑦・⑲十，措令27の4㉔）。

［図表14－4］　オープンイノベーション型試験研究費の税額控除

<table>
<tr><th>対象となる費用</th><th>対象となる相手方</th><th>控除率</th><th>控除上限</th></tr>
<tr><td rowspan="5">共同試験研究に
要した費用</td><td>特別研究機関等</td><td rowspan="2">30%</td><td rowspan="15">法人税額
の
10%</td></tr>
<tr><td>大学等</td></tr>
<tr><td>特定新事業開拓事業者</td><td rowspan="2">25%</td></tr>
<tr><td>成果活用促進事業者</td></tr>
<tr><td>上記以外の者</td><td>20%</td></tr>
<tr><td rowspan="6">委託試験研究に
要した費用</td><td>特別研究機関等</td><td rowspan="2">30%</td></tr>
<tr><td>大学等</td></tr>
<tr><td>特定新事業開拓事業者</td><td rowspan="2">25%</td></tr>
<tr><td>成果活用促進事業者</td></tr>
<tr><td>特定中小企業者等</td><td rowspan="2">20%</td></tr>
<tr><td>上記以外の者</td></tr>
<tr><td>知的財産権の使用料
（研究開発目的に限る）</td><td>特定中小企業者等</td><td>20%</td></tr>
<tr><td colspan="2">技術研究組合の組合員が共同して行う試験研究</td><td>20%</td></tr>
<tr><td colspan="2">特定用途医薬品等に関する試験研究</td><td>20%</td></tr>
<tr><td colspan="2">新規高度研究業務従事者に対する人件費</td><td>20%</td></tr>
</table>

【控除額】

控除額 ＝ 特別試験研究費の総額 × 上図の控除率

【控除上限】

法人税額の10％相当額（恒久措置）

③　中小企業者等の試験研究費の支出がある場合（中小企業技術基盤強化税制）

青色申告法人である中小企業者等（資本金の額または出資金の額が１億円以下の法人）が，各事業年度において，損金に算入される試験研究費の額がある場合には，試験研究費の額に控除率を乗じて計算した金額を控除することができる。ただし，当期の法人税額に一定の割合を乗じた金額（控除上限額）を限度とする。

(a)　控除率（措法42の4④・⑤）

	試験研究費割合	増減試験研究費割合	控　除　率
イ	10%以下	12%超	12%+(増減試験研究費割合−12%)×0.375 (上限17%)
ロ		12%以下	12%
ハ	10%超		(イまたはロの割合) +(イまたはロの割合)×控除割増率(上限17%) 控除割増率(上限10%)=(試験研究費割合−10%)×0.5

(b)　控除上限額（措法42の4④・⑥）

控除上限額は当期の法人税額に25%を乗じた金額を原則とするが，以下の区分に応じて一定の割合が加算される。なお，以下の要件のいずれも満たす場合はいずれか高い割合が適用される。

	試験研究費割合	増減試験研究費割合	控除上限の加算・減算割合
イ		12%超	加算：10%
ロ	10%超		加算：(試験研究費割合−10%)×2 (上限10%)

(2) 投資税額控除

投資税額控除とは，一般には，設備投資を促進するために一定基準の設備投資額の一定割合を納付すべき税額から控除する制度をいう。この制度は，投資コストの軽減が図れて，設備更新を積極的に行うことができるので，経済に活力を与えるという理由で，産業界で支持されてきた。

①　中小企業者等が特定経営力向上設備等を取得した場合の特別償却又は法人税額の特別控除（中小企業経営強化税制）（措法42の12の４）

青色申告法人で中小企業者等に該当するものが，中小企業等経営強化法の認定を受けた経営力向上計画に基づき，その経営力向上計画書に記載された特定経営力向上設備等を取得・制作し，事業の用に供したときに適用される特別措置である。この制度は，一般に中小企業経営強化税制と呼ばれている。

(a)　特定経営力向上設備等の範囲

対象設備は，新品のもので，貸付の用に供されるものではないこと，また生産等設備を構成するもの（本店，寄宿舎等の建物，事務用器具備品，乗用自動車，福利厚生施設のようなものは該当しない）であるとされる。

また，類型に応じた要件が定められており，工業会の認定書もしくは経済産業局の確認書が必要である。

［図表14－５］　特定経営力向上設備等の範囲と要件

<table>
<tr><th>類型</th><th>要件</th><th>対象設備</th><th>確認者</th></tr>
<tr><td>生産性向上設備
（A 類型）</td><td>生産性が旧モデル平均１％以上向上する設備</td><td rowspan="4">① 機械装置（160万円以上）
② 工具（30万円以上）
（A 類型の場合，測定工具又は検査工具のみ）
③ 器具備品（30万円以上）
④ 建物付属設備（60万円以上）
⑤ ソフトウェア（70万円以上）
（A 類型の場合，設備の稼働状況等に係る情報収集機能及び分析・指示機能を有するものに限る）</td><td>工業会等</td></tr>
<tr><td>収益力強化設備
（B 類型）</td><td>投資収益率が年平均５％以上の投資計画に係る設備</td><td rowspan="3">経済産業局</td></tr>
<tr><td>デジタル化設備
（C 類型）</td><td>可視化，遠隔操作，自動制御化のいずれかに該当する設備</td></tr>
<tr><td>経営資源集約化設備
（D 類型）</td><td>修正 ROA 又は有形固定資産回転率が一定割合以上の投資計画に係る設備</td></tr>
</table>

＊ A 類型については，このほか販売開始時期における要件がある。
出所：中小企業庁『中所企業等経営強化法に基づく支援措置活用の手引き』。

⒝　税制措置

この制度においては即時償却が認められる。

また，特別償却との選択として，取得価額の10％相当額の税額控除（資本金3000万円超１億円以下の法人は７％）が認められる。なお，当期の法人税額の20％相当額を限度とするが，税額控除額限度超過額は１年間の繰越しが認められる。

②　中小企業者等が機械等を取得した場合等の特別税額控除（中小企業投資促進税制）（措法42の６）

青色申告法人で中小企業者等に該当するものが，特定機械装置等を取得・制作して，事業の用に供したときは，取得価額の７％相当額の税額控除（当期の法人税額の20％相当額を限度とし，税額控除限度超過額は１年間の繰越しが認められる）と取得価額の30％相当額の特別償却とのいずれかの選択適用が認められる。この制度は，一般に，中小企業投資促進税制と呼ばれている。

〔特定機械装置等の範囲〕

①　機械および装置で，取得価額が160万円以上のもの

②　測定・検査工具，電子計算機及びインターネットに接続されたデジタル複合機で，取得価額が120万円以上のもの

③　ソフトウェアで，１つのソフトウェアの取得価額が70万円以上のもの

④　車両総重量3.5トン以上の貨物自動車

⑤　内航海運業の用に供される船舶

（３）給与等の支給額が増加した場合の法人税額の特別控除（賃上げ促進税制）（措法42の12の５）

賃上げ促進税制とは，雇用および従業員の所得の増加を図り，将来にわたる経済成長を促進する観点から，従業員の雇用・育成や賃上げに積極的である法人を支援するため，給与等の支給額を一定以上増やした法人に対する税制上の

優遇規定である。これは青色申告法人を対象とするが，中小企業者等を対象としたものと，それ以外の法人を対象とした制度に区分される。

［図表14－6］ 大企業向け賃上げ促進税制の内容（措法42の12の５①）

適用期間	令和４年4月1日から令和6年3月31日までの間に開始する各事業年度
適用対象者	青色申告法人
適用要件	①　国内雇用者に対して給与等を支給すること。 ②　継続雇用者給与等支給増加割合 ≧ ３%（*） （*）資本金の額又は出資金の額が十億円以上であり，かつ，当該法人の常時使用する従業員の数が千人以上である場合は別途要件あり
税額控除額	控除対象雇用者給与等支給増加額 × 15%
上乗要件	①　継続雇用者給与等支給増加割合 ≧ ４% の場合：10%上乗せ ②　教育訓練費増加割合 ≧ 20% の場合：５%上乗せ
控除限度額	法人税額 × 20%

$$\text{継続雇用者給与等支給増加割合} = \frac{\text{当期の継続雇用者給与等支給額} - \text{前期の継続雇用者給与等支給額}}{\text{前期の継続雇用者給与等支給額}}$$

$$\text{控除対象雇用者給与等支給増加額} = \text{当期の雇用者給与等支給額} - \text{前期の雇用者給与等支給額}$$

$$\text{教育訓練費増加割合} = \frac{\text{当期の教育訓練費の額} - \text{比較教育訓練費の額}}{\text{比較教育訓練費の額}}$$

比較教育訓練費の額 ＝ 当期以前の１年以内に開始した事業年度の教育訓練費の額の平均額

［図表14－7］　中小企業者等向け賃上げ促進税制の内容（措法42の12の5②）

適用期間	令和4年4月1日から令和6年3月31日までの間に開始する各事業年度
適用対象者	青色申告法人で中小企業者等に該当するもの
適用要件	①　国内雇用者に対して給与等を支給すること。 ②　雇用者給与等支給増加割合 ≧ 1.5%
税額控除額	控除対象雇用者給与等支給増加額 × 15%
上乗要件	①　雇用者給与等支給増加割合 ≧ 2.5% の場合：15%上乗せ ②　教育訓練費増加割合 ≧ 20% の場合：10%上乗せ
控除限度額	法人税額 × 20%

$$\text{雇用者給与等支給増加割合} = \frac{\text{当期の雇用者給与等支給額} - \text{前期の雇用者給与等支給額}}{\text{前期の雇用者給与等支給額}}$$

4．使途秘匿金の支出がある場合の課税の特例（措法62）

使途秘匿金，いわゆる「ゼネコン疑惑」に代表される企業の使途不明金の問題は，税金さえ支払えばそれで済むという認識で行われてきたもので，ヤミ献金，賄賂などの不正支出の隠れ蓑となっていた。そこで，1994（平6）年度の税制改正で，使途秘匿金に対する特別税制が創設された。

その内容は，法人が，使途秘匿金の支出をした場合には，通常の法人税に加えて，当該使途秘匿金の支出額の40％相当額の追加課税が行われる（措法62①）というものである。

使途秘匿金の支出額 × 40％ ＝ 追加される法人税額

（注）　使途秘匿金の支出とは，法人がした金銭の支出（贈与，供与その他これらに類する目的のためにする金銭以外の資産の引渡しを含む）のうち，相当の理由がなく，その相手方の氏名等（氏名，住所およびその事由）を当該法人

の帳簿書類に記載していないものをいう（措法62②）。

違法ないし不正な支出につながりやすい使途秘匿金について，支払い側においてのみ課税という形で制裁を加えるばかりではなく，本来は，受取り側においても課税されるべきである。ところが，この受取り側が不明であるがために課税できず，その分を支払い側で課税しようという代替課税となっているといえる。

5．仮装経理に基づく過大申告の場合の更正に伴う法人税額の控除（法70）

国税局長や税務署長は，還付金や過誤納金があるときは，遅滞なく，金銭で還付しなければならない（通則法56）。ところがこれを悪用すると，仮装経理（粉飾決算）により架空利益を計上し，それに基づき法人税の過大申告を行い，その後，減額更正を受けて税金の還付を受けることが可能となるし，現に頻発した経緯があった（例えば，銀行から借入れを行うため，わざと利益を過大とする）。

このような行為を防止するという観点から，1966（昭41）年度の税制改正で，粉飾決算による過大申告に対して「更正の特例」が設けられたのである。

（1）仮装経理に基づく過大申告に対する更正の特例（法129①・②）

内国法人の提出した確定申告書に記載された各事業年度の所得の金額が，仮装経理に基づく過大申告に属するものがあるときは，税務署長は，その法人がその後の事業年度の確定決算において修正経理をして確定申告するまでは，減額更正をしないことができる（原則はしないが，する場合もあるの意）。すなわち，法人が決算において自ら修正してはじめて一般の計算誤謬等の過大申告と同列に扱うというのである。

（注）仮装経理の問題は，すべて確定した決算に基礎を置いて考えられているから，仮装経理の対象はもっぱら決算事項に限られ，しかも，仮装経理とは事実に

基づいた経理をしていないという意味であるから，もっぱら外部取引が対象となる。典型的なものとしては，たとえば架空売上げ，仕入計上洩れ，経費の計上洩れ等が仮装経理となる。これに対し，税法上の償却不足額が生じた場合，引当金，準備金につき繰入不足額が生じた場合等は，仮装経理には該当しない（武田昌輔『立法趣旨法人税法の解釈（五訂版）』（財経詳報社，平５）pp.467-468）。

（２）仮装経理に基づく過大申告の場合の更正に伴う法人税額の控除（法70）

仮装経理に基づく事項を修正経理し，その経理に基づいた確定申告書を提出した結果，税務署長が減額更正した場合，その減額更正によって生じた過誤納金については，次の定めに従う。

① まず，更正の日に属する事業年度開始日前１年以内に開始した各事業年度の法人税額の範囲内で還付する（法135②）。

② 次に，残額は，更正の日の属する事業年度開始日から５年以内に開始する各事業年度の所得に対する法人税額から，順次控除する（法135③）。

６．所得税額控除（法68）

（１）概要と理由

法人が受け取る利子や配当などに対しては，所得税法の規定に基づき所得税が源泉徴収される。これは，法人が納付すべき法人税の前払いに相当するので，法人税額より控除する（法68①）。控除しきれなかった所得税額がある場合は，還付される。

この場合，法人税額から控除される所得税額は，各事業年度の所得の計算上損金の額に算入されない（法40）（利子等については，道府県民税利子割が課されるが，道府県民税から控除され，法人税では損金不算入とするだけである）。

(2) 税額控除額の計算

所得税額のうち，公社債の利子および利益配当等（「利子配当等」という）に対するものについては，その元本が転々流通しているから，元本の所有期間に対応する金額が控除される。これに対し，利子配当等以外の預貯金の利子などは，全額が控除される（令140の２）。

■利子配当等に対する所得税額

a．原則的方法

$$\text{利子配当等に対する所得税額} \times \frac{\text{元本所有期間の月数}}{\text{利子配当等の計算基礎となった期間の月数}} = \text{控除所得税額}$$

b．簡便法

利子配当等の元本を①公社債，②株式および出資，③集団投資信託の受益証券に区分し，さらに，その元本を利子配当等の計算期間が１年を超えるものと１年以下のものに区分し，その区分に属するすべての元本につき，その銘柄ごとに次の算式により計算した金額による。

$$\text{その所得税額} \times \frac{\text{利子配当等の計算期間開始日に所有する元本数(B)} + (A - B) \times \frac{1}{2}}{\text{利子配当等の計算期間終了日に所有する元本数(A)}} = \text{控除所得税額}$$

(注) 1．A＜Bの場合は，分子のBをAに置き代えて計算する。
　2．利子配当等の計算期間が１年を超えるものについては，上掲算式中の２分の１を12分の１とする。
　3．公債および社債については，元本の数に代えて額面金額とする。

※「利子配当等」とは，①公社債の利子，②利益もしくは利息の配当（中間配当を含む）または剰余金の分配，③証券投資信託の収益の分配，④割引債の償還差益を指している。

7．中間法人税額

中間申告は前事業年度の法人税額の２分の１を納付する予定申告と，事業年度開始の日以後６か月を１事業年度とみなした仮決算による中間申告があり，いずれかにより申告納税することになる。この場合，納付した中間法人税額は，確定した法人税額から控除することになり，確定した法人税額が中間法人税額より少ない場合には還付される。

中間申告については，**第16章**において詳しく述べる。

第15章

同族会社に関する特別規定

1．制度の趣旨

わが国の法人企業の実態は，ごく少数の上場会社と大多数の中小法人からなっているが，この中小法人の大部分は，これから述べる同族会社から構成されている。

同族会社は，ごく少数の同族関係者の集合体であり，個人経営的色彩の濃い法人である。したがって，同族会社は，たてまえでは経営者と出資者とは異なるが，その実質はごく少数の株主が法人株式数の大部分を所有し，これらの株主やこれら株主によって選任された役員によって意思決定を自由に行うことができる。その結果，同族株主に対し高率の所得税が課税されるのを避けるために，本来ならば，配当されるべき利益を社内に留保したり，第三者間においては行われない合理性のない取引や行為により租税回避行為が容易に行われることになる。

そこで個人事業や非同族会社との課税の公平を図る観点から，同族会社には次のような課税上の特例が設けられている。

① 特定同族会社の留保金に対する特別税率（留保金課税）（法67）

② 同族会社の行為または計算の否認（法132）

2．同族会社の判定

同族会社とは，株主等の3人以下ならびに株主等の同族関係者（株主等と特殊の関係がある個人および法人）（つまり上位3株主グループ）が有する株式総数または出資の金額の合計額が，発行済株式総数または出資金額の50％超に相当する会社をいう（法2十，令4）。

ただし，判定会社の株主等からその自己株式を有する判定会社を除く。また，判定会社の株式等の持分割合の計算について発行済株式の総数等から自己株式の数等を除く（法2十）。

(1) 同族関係者となる個人（令4①）

① 株主等の親族（配偶者，6親等内の血族，3親等内の姻族）

② 株主等と内縁関係にある者

③ 株主等の個人的使用人（家政婦，自家用運転手等）

④ 上掲以外の者で，株主等からの金銭的援助により生計を維持している者（いわゆる妾など）

⑤ ②から④までに掲げる者と生計を一にする親族

(2) 同族関係者となる法人（令4②・③）

① 株主等の1人（個人である株主等については，その同族関係者である個人と合わせて1人とする）で，その持株割合が50％超となる他の会社

② 株主等の1人と前記①に掲げる同族関係者である会社で，その持株割合が50％超となる他の会社

③ 株主等の1人と前記①②に掲げる同族関係者である会社で，その持株割合が50％超となる他の会社

④ 同一の個人または法人と前記①から③に掲げる同族関係者となる2以上の会社が，同族会社であるかどうかを判定しようとする会社の株主等である場合には，その2以上の会社は，相互に同族関係者である法人とみなされる（みなし同族関係者）

法人が同族関係者となるかどうかの判定には，50％超という持株基準の他に50％超の議決権を有する場合という実質基準でも判定される。その際の議決権とは次を指す（令4③二）。

(イ)　事業の譲渡等（譲渡，解散，合併，分割など）の議決権

(ロ)　役員の選任等に関する議決権

(ハ)　役員の報酬等に関する議決権

(ニ)　剰余金の配当等に関する議決権

また，同族会社のうち，その判定の基礎となる株主等のなかに同族会社でない会社＝非同族会社が含まれている場合には，この非同族会社を除外して判定すると同族会社とならない会社のことを非同族の同族会社という（法67①）。

この非同族の同族会社とは，上位3グループ（株主等およびその株主等と特殊関係にある個人や法人を1グループとみなす）で判定した場合に，同族会社とな

［図表15－1］　非同族の同族会社の判定方法

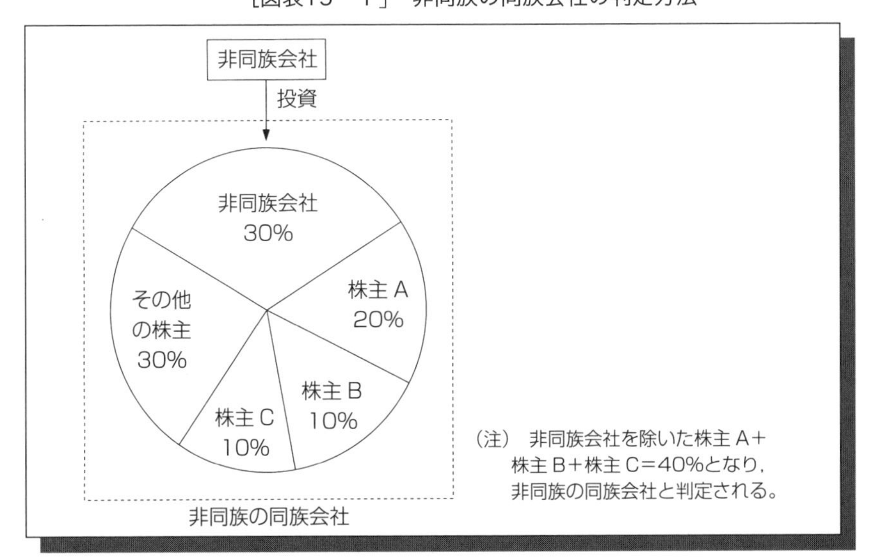

出所：武田隆二『法人税法精説（平成8年版）』（森山書店，1996），p.726より。

るが，非同族会社を除いて，上位３グループで判定した場合には非同族会社となるような会社をいう。逆に，非同族会社を除いて判定しても上位３グループで同族会社と判定できる会社を**同族の同族会社**という。

したがって，法人は，その株主構成により，同族の同族会社（いわゆる同族会社），非同族の同族会社，非同族会社の３つに区分されることになる。

［図表15－２］　同族・非同族会社の課税関係

- 会社
  - 非同族会社
  - 同族会社
    - 非同族の同族会社 → 行為計算の否認
    - 同族の同族会社
      - 特定同族会社以外の会社 → 行為計算の否認
      - 特定同族会社 → 行為計算の否認／留保金課税

３．特定同族会社の留保金に対する特別税率（留保金課税）

同族会社は所有と経営が未分離のため，法人と同族株主との間の利害が一致し，配当金の支払を抑え，内部留保して株主に対する配当課税を不当に回避したり，遅延させたりする傾向が強くなる。このため，一定限度を超えて所得を留保した場合には，通常の法人税のほかにその一定限度を超えて留保した所得に対して**特別税率**により計算した税額を加算すること（留保金課税）としている（法67①）。

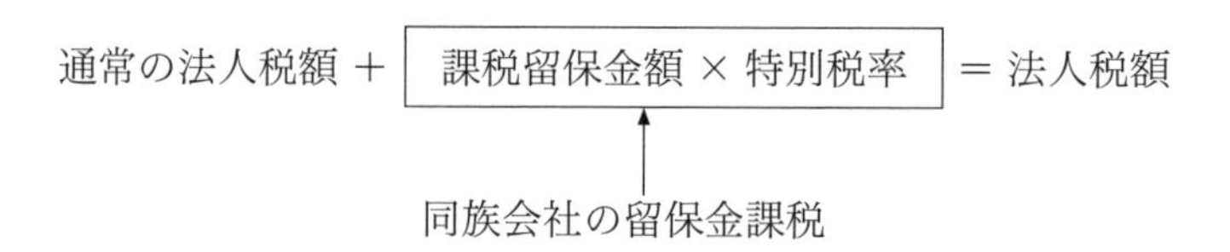

この場合の留保金課税の対象となる法人を1株主グループで50％超保有している場合に限定し，これを**特定同族会社**と定めている（法67②）。

（1）特定同族会社の特別税率

特定同族会社（非同族の同族会社を除く）の各事業年度の課税留保金額に対して適用される特別税率は，次のとおりである（法67①）。

課税留保金額のうち　年3,000万円以下の金額　……………………………10％
　　　　　　　　　　年3,000万円を超え年1億円以下の金額　……15％
　　　　　　　　　　年1億円を超える金額………………………………20％

（注）　特定同族会社の留保金課税制度は，適用対象から資本金の額（出資金の額）が1億円以下の会社を除外する。

（2）課税留保金額の計算

課税留保金額は，当期の「留保金額」から「留保控除金額」を差し引いた金額である（法67①）。

課税留保金額 ＝ 当期留保金額 － 留保控除金額

①　留保金額の計算

当期の「留保金額」とは，所得等の金額のうち留保した金額＝留保所得金額（「別表四」の留保欄の最終計の金額）から，その事業年度の所得に対する法人税額，道府県民税，市町村民税を控除した金額をいう（法67③）。

当期留保金額 ＝ 留保所得金額 － ①当期事業年度の法人税額
　　　　　　　　　　　　　 － ①に係る地方法人税額（① × 10.3％）
　　　　　　　　　　　　　 － ①に係る道府県民税および市町村民税額（① × 10.4％）

■当期留保金額の計算

⑴　当期の所得金額に加算されるもの（加算後を「所得等の金額」という）

①　受取配当等の益金不算入額

②　還付金等の益金不算入額

③　繰越欠損金の損金算入額

④　そのほか租税特別措置法の規定による特別控除額など

※したがって，「留保所得金額」は，この「所得等の金額」のうち，社外流出を控除した後の法人内部に留保した金額である。

⑵　当期の所得金額から減算されるもの

①　その事業年度の法人税額（土地譲渡の特別税額等は含め，所得税額控除等は除く）および地方法人税額（法人税額の10.3％）

②　道府県民税の額，市町村民税の額→上記①より計算した法人税額（所得税額の控除額および試験研究費の特別税額控除額は控除しない）の10.4％相当額（令139の10）。

②　留保控除金額の計算

留保金額から控除される留保控除金額は，次に掲げる金額のうち最も多い金額をいう（法67⑤）。

①　所得基準：

当該事業年度の所得等の金額×40％（中小特定同族会社は50％）

②　定額基準：

$$年2{,}000万円 \times \frac{事業年度の月数}{12}$$

③　積立金基準：

期末資本金額×25％－(期末利益積立金額－当期の利益のうち積み立てた額)

(注)　所得基準は，同族会社が一般法人並の留保（一般法人の留保率を40％と設定している）をした場合は課税しないという趣旨である。定額基準は，個人事業所得者との課税の均衡を図るため少額の留保を免除する趣旨である。また，

積立金基準は，平成13年改正前の旧商法第288条が期末資本金の25％相当分の最低の利益準備金の留保を要求しているので，この最低留保金額に達するまでは留保金課税を行わない趣旨に出たものである。

4．同族会社の行為または計算の否認

同族支配であるがため個人経営的色彩が強く，少数の株主ないし社員の意思が強く働く傾向が強く，非同族会社では起こり得ないような経済的合理性のない取引が行われることがしばしばある。そこで，当該法人またはその関係者の税負担を不当に減少させるような行為や計算が行われやすい点を考慮して，税負担の公平を維持するため，かかる**同族会社の行為または計算の否認規定**が設けられている。

すなわち，同族会社の行為または計算で，これを容認した場合においては，法人税の負担を不当に減少させる結果となると認められるときは，その行為または計算にかかわらず，税務署長の認めるところによって，その法人の課税標準もしくは欠損金額または法人税額を計算することができる（法132）。

同族会社の税負担を不当に減少させるような行為や計算が行われた場合には，たとえそれが法律上（私法上）適法あるいは会計上適切な計算であっても，いったん正常な行為や計算に引き直して更正または決定を行う権限を税務署長に認めるものであると解することができる。

（1）適用の対象となる法人（法132①一・二）

①　同族会社

②　次のイからハまでのいずれにも該当する法人

(イ)　3以上の支店，工場その他の事業所を有すること

(ロ)　その事業所の2分の1以上に当たる事業所につき，その事業所の所長等が以前に当該事業所において個人として事業を営んでいた事実があること

⑷　⑶に規定する事実がある事業所の所長等の有するその法人の株式等の数または金額の合計額が，その法人の発行済株式の総数または出資金額（自己株式等を除く）の3分の2以上に相当すること

法人が上述の同族会社等に該当するかどうかの判定は，税負担を不当に減少させるような行為または計算の事実のあった時の現況によるものとしている（法132②）。

（2）否認の適用例

以下の代表的な行為・計算の否認例は，法人税法第132条の適用を待つまでもなく，他の規定によって否認し得る場合も含まれているが，このような例が同族会社等において多々行われがちである。

①　益金の減少となる行為または計算

⑴　会社資産の低額譲渡

⑵　無利息または低利息の金銭貸付

⑶　低額家賃での貸与

②　損金の増加となる行為または計算

⑴　個人資産の高価買入れ

⑵　借入利息の過大支払い

⑶　高額家賃での賃借

⑷　過大給与の支払い

（3）「行為」，「計算」，「不当に減少」

「**行為**」とは，法人の財産状態に影響を及ぼすべき法律的効果を伴う行為をいい，行為の否認とは，その行為に基づく事実がないとした場合における法人税等の計算をすることを意味するであろう。

また，「**計算**」とは，会計上の所得計算をいい，計算の否認とは，行為そのものは認めるが，それに基づいてなされた計算の全部または一部について否認す

ることを意味するだろう。

したがって，行為・計算の否認は，現実に行われた行為・計算の私法上の効力を失わせるものではないが，課税関係についてのみ，行為・計算を否認し，これに代えて課税庁が適正と認めるところに従って計算するというものである。

そこで，法人税の負担を「不当に減少」させる結果となるかどうかの判定基準であるが，従来の判例には，２つの考え方が示されている。

その１つは，非同族対比基準とでもいうべきもので，非同族会社では通常なし得ないような行為・計算でもって判断するものである。いま１つは，純経済人基準とでもいうべきもので，経済的合理性を持った純経済人の選ぶ行為・計算としては不自然，不合理のものをもって判断しようとするものである。

5．役員の認定や使用人兼務役員の制限

同族会社については，形式的に使用人であっても，同族会社の判定の基礎となった株主等またはその同族関係者で，一定割合以上の持株を有しており，実質的に会社の経営に従事していると認められる者は，役員として取り扱われる。具体的には，次のようである。

同族会社の使用人のうち，次に掲げる要件のすべてを満たしている者で，その会社の経営に従事している者（令７・71）（→みなし役員）

①　持株割合が同族会社の判定基準の50％に達するまでの，上位３位以内の株主グループに属していること

②　その使用人の属する株主グループの，その会社に係る持株割合が10％を超えていること

③　その使用人の，その会社に係る持株割合が５％を超えていること

第16章

申告と納付・還付

1．納税義務の成立と確定

各事業年度の所得に対する法人税の納税義務は，確定申告分については「事業年度の終了の時」(通則法15②三) に，中間申告分については事業年度開始の日から起算して6か月を経過する時（通則令5六）に，それぞれ成立する。この段階で成立する納税義務は，単に課税所得の計算期間を経過して課税要件を充足するに至っているのみで，未だ具体的に履行すべき納税義務となっていない。

そこで，この成立した納税義務を納付すべき税額として確定する手続きが**申告**である。法人税法は，申告納税方式を採用しており，このもとでは，原則として，納税者の申告により納付すべき税額が確定し，納税者の申告がない場合または納税者の申告が適切でないと認められる場合に限り，税務署長の処分（更正，決定）によって納付税額が確定する（通則法16①一)。

2．申　告

納税義務のある法人は，各事業年度の終了の日の翌日から2か月以内に，税務署長に対し，確定した決算に基づいて作成した**確定申告書**を提出しなければならない (法74①)。また，事業年度が6か月を超える法人にあっては，その事業年度開始の日以後6か月を経過した日から2か月以内に税務署長に対し，中間納付をするために**中間申告書**を提出しなければならない（法71①)。

なお，令和２年４月１日以後開始する事業年度より，事業年度開始の時において資本金の額等が１億円を超える法人をはじめとする一定の法人が行う法人税等の申告について，電子情報処理組織（e-Tax）による提出が義務化された（法75の４）。

前者が確定申告であり，後者が中間申告といわれるものである。

［図表16－１］　申告期限

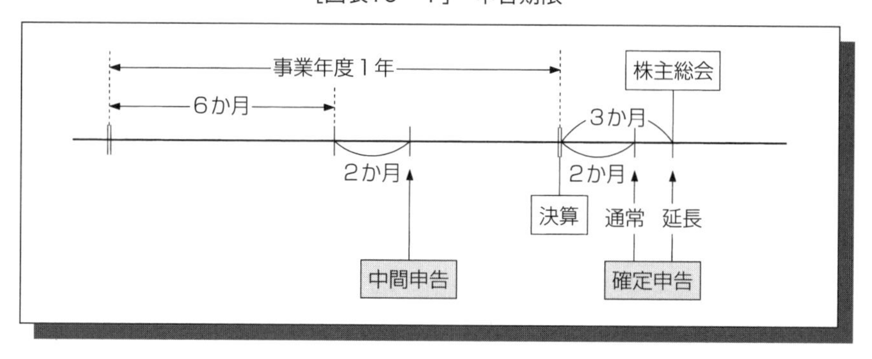

（１）中間申告

中間申告は，次に掲げる２つの場合が区別されるが，そのいずれによるかは，法人の選択による。

①　前期実績基準による中間申告（前事業年度に確定した法人税額の２分の１）

$$前事業年度の確定法人税額 \times \frac{6}{前事業年度の月数} = 中間申告納付額$$（法71①）

（注）　ただし，この中間納付額が10万円以下である場合またはその金額がない場合には，中間申告書の提出をすることができない（法71①ただし書き）。

②　仮決算をした場合の中間申告

前期実績基準による中間申告に代えて，その事業年度の開始日以後６か月の期間を１事業年度とみなして，その期間に係る所得の金額または欠損金額を計算し，それに対する法人税額を算出して中間申告を行うことができる（法72①）。

（注）ただし，仮決算をした場合の中間申告書は，①中間申告額が前期実績基準額を超える場合，および②前期実績基準額が10万円以下である場合，またはその金額がない場合には，提出できない（法72①ただし書き）

なお，中間申告書を提出すべき法人が，その中間申告書を提出期限までに提出しなかった場合には，前期実績基準による中間申告書の提出があったものとみなされる（法73）。

（2）確定申告

確定申告書には，その事業年度の課税標準である所得の金額または欠損金額，その所得に係る法人税額，および中間申告書を提出した法人については中間納付額を控除した金額を記載する。また，この確定申告書には，その事業年度の貸借対照表，損益計算書その他財務省令で定める書類（株主資本等変動計算書または損益金の処分表，勘定科目内訳明細書等）を添付しなければならない（法74①・③，規35）。

（3）申告期限の延長

申告期限の延長は次のとおりである。

［図表16－2］　申告期限

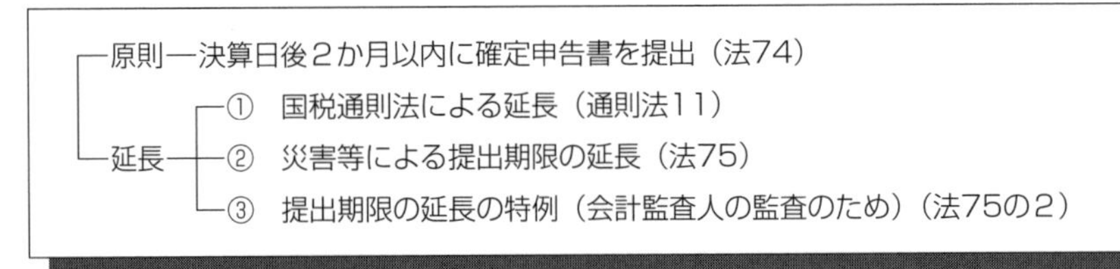

①　国税通則法による延長

災害等やむを得ない理由等によって，申告，納付等が期限までに行うことができないと認められるときは，国税庁長官，国税局長または税務署長は，その理由のやんだ日から2か月以内に限って，その期限を延長することができる（通則法11）。

② 法人税法による申告期限の延長

(イ) 災害等によって決算が確定しない場合の期限延長

確定申告書を提出すべき法人が，災害その他やむを得ない理由によって決算が確定しないため，本来の提出期限までに提出することができない場合には，納税地の所轄税務署長は，その法人の申請に基づき（その事業年度終了の日から45日以内），期日を指定してその提出期限を延長することができる（法75①・②）。

(ロ) 会計監査等の関係で決算が確定しない場合の期限延長

大会社（資本金が5億円以上または負債総額が200億円以上の株式会社）は，監査役監査のほか，会計監査人の監査を受けなければならず，決算の確定に2か月以上（決算日から株主総会の決算確定まで3か月以内）を要する（会法328②）（委員会設置会社も対象となる（会法327⑤））。そこで，法人が，会計監査人の監査を受けなければならないことその他これに類する理由により決算が確定しないため，確定申告書を提出期限までに提出できない常況にあると認められる場合には，納税地の所轄の税務署長は，その法人の申請に基づき，申告書の提出を1か月間延長することができる（法75の2①）。

ところで，確定申告期限の延長を行うと必然的に納期も延長されるので，期限内申告法人とのバランスを考慮して，期間延長に見合う利子税（年7.3%）を納付しなければならない（法75⑦）。ただし，国税通則法によるときは，それを要しない。

（4）更正の請求と修正申告

確定申告書によって確定した納付すべき金額が過大であった場合，または欠損金が過少であった場合に，これらの理由が法人税法その他の法令の適用の誤りや計算の誤謬であったときは，税務署長に対して課税標準もしくは納付すべき税額の減額または欠損金額の増加もしくは還付されるべき法人税額の増加を求める減額更正処分の請求をすることができる。

要するに，間違って，過大に申告を行った場合には，確定申告書の提出期限から5年以内に限って，税務署長に対し**更正の請求**をすることができるのである（通則法23）。この更正の請求は，申告書の記載内容について納税者に有利な修正を求める行為である。

なお，法人税の純損失の金額に係る更正の請求期間は10年とされている（通則法23①）。

（注）　税務署長は，更正の請求があった場合は，その請求に係る課税標準等または税額等について調査し，更正の理由があると認めたときは更正し，更正の理由がないと認められたときはその旨を請求法人に通知する（通則法23④）。

今度は逆に，確定申告書に記載した法人税額に不足額があり，または欠損金額が過大である場合には，その法人税額または欠損金額を修正するために**修正申告**をすることができる（通則法19①）。修正申告は，税務署長からその誤りを正す更正の通知があるまでの間，いつでも行うことができる。

このように，修正申告は納税者に不利に修正するものである。

3．納付・還付

（1）納　　付

法人税額の納付期限および納付額は，**図表16－3**のとおりである（法76・77，通則法35②）。

[図表16－3]　法人税額の納付

区　分	納付期限	納付すべき金額
期限内申告	申告書の提出期限	•申告書に記載した金額 •確定申告の場合は本税額より中間納付額を控除した税額
期限後申告	申告書の提出の日	•申告書に記載した本税額から中間納付額や予定納税額を控除した税額
修正申告	申告書の提出の日	•修正申告によって増加した税額
更正・決定	更正・決定通知書などが発せられた日の翌日から1か月以内	•通知書などに記載された税額

(2) 還　付

法人税額の還付方法および還付額は，**図表16－4**のとおりである（法79・80・135）。

[図表16－4]　法人税額の還付

区　分	還付の方法および還付額
所得税額，外国税額	控除しきれなかったものがある場合は，還付される
中間納付額	中間申告書を提出した法人がその年度の確定申告書の提出があった場合に，その確定申告書に中間納付額の控除不足額の記載があるとき，その金額に相当する中間納付額は還付される
仮装経理による過大申告があった場合	過大申告所得のうち，事実を仮装して経理したところに基づくものがあるときは，税務署長の減額処分によって，更正の日の属する事業年度開始の日前1年以内に開始した各事業年度の法人税相当額だけ還付される

4. 附帯税

法定の期限内に申告または納税がなされない場合または申告納税額が過少である場合には，本税額のほかに（主たる債務に附帯して），**図表16－5**のような附帯税が課せられる。

すなわち，附帯税とは，国税のうち，本税以外のものをいい，納期限を過ぎて本税を納付したり，税務調査などにより，本税を追徴課税された場合などに，一種の行政制裁として付加的に課される税である。

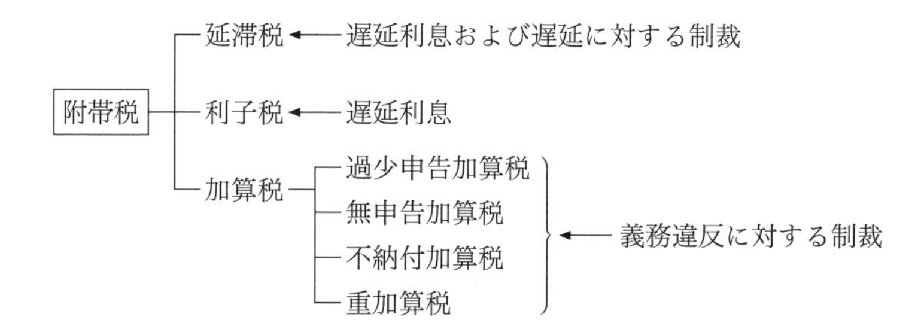

[図表16－5]　附 帯 税

延滞税	法定納期限までに税額を納付しなかった場合に課される。 完納の日まで法定納期限の翌日から２か月を経過するまでの期間は7.3%，その後は14.6%の税率（通則法60）。
利子税	確定申告書の提出期限延長の場合，その延長期間について7.3%の税率（法75⑦，通則法64）。
過少申告加算税	期限内申告における申告税額が過少であり，後に増額更正処分または修正申告が行われた場合に，先行する申告税額と後続の更正処分または修正申告に係る税額との差額（増差税額）を課税標準として課される。税率は10%（通則法65①）。
無申告加算税	法定申告期限内に申告がなされず，期限後申告または決定処分により税額が確定した場合，またはそれらによって税額が確定した後に修正申告または増額更正処分が行われ増差税額が生じた場合には，それらの税額・増差税額を課税標準として課税される。税率は15%（通則法66①）。
不納付加算税	源泉徴収等による国税がその法定期限までに完納されなかった場合，その不足する税額を課税標準として課される。税率は10%（通則法67①）。
重加算税	過少申告加算税，無申告加算税，または不納付加算税が課されるべき場合において，納税者がその国税の課税標準等の計算の基礎となるべき事実を隠ぺい・仮装した場合に，これらの加算税に代えて課される加算税。税率は，過少申告加算税または不納付加算税に代えて課される場合は35%（通則法68①・③），無申告加算税に代えて課される場合は40%（通則法68②）。

索　　引

【や行】

【ら行】

〈編著者紹介〉

末永　英男（すえなが　ひでお）

1950年　長崎県生まれ
1979年　西南学院大学大学院経営学研究科博士後期課程単位取得
　　　　西日本短期大学講師・助教授，麻生福岡短期大学助教授・教授
1994年　近畿大学助教授を経て
2000年　熊本学園大学教授
2009年　熊本学園大学大学院会計専門職研究科教授
2021年　同上シニア客員教授，現在に至る。
1995年　学位取得，博士（経済学，九州大学）

〔主要著書〕
『税務会計研究の基礎』（単著，九州大学出版会，第4回租税資料館賞受賞）
『連結経営と組織再編』（編著，税務経理協会）
『法人税法会計論』（単著，中央経済社）
『「租税特別措置」の総合分析』（編著，中央経済社）
『税務会計と租税判例』（編著，中央経済社）

法人税法会計論〈第9版〉

1998年4月10日　第1版第1刷発行
1999年3月10日　第2版第1刷発行
2002年4月1日　第2版第3刷発行
2004年7月20日　第3版第1刷発行
2006年3月10日　第3版第2刷発行
2007年4月20日　第4版第1刷発行
2008年3月25日　第4版第2刷発行
2010年3月10日　第5版第1刷発行
2011年3月25日　第6版第1刷発行
2012年3月25日　第7版第1刷発行
2013年4月20日　第7版第2刷発行
2016年4月1日　第8版第1刷発行
2021年6月10日　第8版第2刷発行
2023年12月1日　第9版第1刷発行

編著者　末　永　英　男
発行者　山　本　　継
発行所　㈱中央経済社
発売元　㈱中央経済グループパブリッシング

〒101-0051　東京都千代田区神田神保町1-35
電　話　03（3293）3371（編集代表）
　　　　03（3293）3381（営業代表）
https://www.chuokeizai.co.jp
印刷／昭和情報プロセス㈱
製本／㈲井上製本所

ISBN978-4-502-48141-3　C3034